翻轉學

翻轉學

翻轉學

翻轉學

# 我用波段投資法 4年賺4千萬

買在低點、賣在高點，賺價差的獲利SOP

陳詩慧 —— 著

# 目 錄

## 第1章 脫貧人生的關鍵階段

## 第 2 章　什麼是波段投資法？

# 目　錄

# 好評推薦

「投資並不是大海撈針，除了練就基本功，還需要學習投資的技巧，如此財富才會向你靠攏，讓你早日達到財務自由的境界。」

—— 林哲群，清華大學計量財務金融學系教授兼

科技管理學院院長

「投資市場千變萬化，人生如逆旅，我亦是行人，作者是曾走過低潮而逆轉成功的人，別把命運交給幸運，我相信只要能找到趨勢、順勢獲利，就是賺取極大報酬的不二法門！」

—— 黃大塚，交易實戰家

「詩慧是我 FB 多年的朋友，平時在 FB 也是分享生活與創業的歷程，我知道她才剛在新竹開了一家很有特色

的餐廳，人生在築夢的過程往往會碰到一些障礙，詩慧在築夢的道路上不斷精進與學習，尤其專注於電子產業的產業與個股研究，她知道股票投資需要比其他人更專業，才不至於在股票市場變成韭菜。她的投資經驗值得我們體會，投資的方式巧妙各有不同，我們不需要用真金白銀在股票市場拚搏買經驗，只需閱讀別人的經驗與理性分析，就可以更接近成功的道路，相信這是本值得閱讀的好書，分享給各位。」

—— 楊禮軒，算利教官

「用波段投資法提升追求自己人生夢想的加速度，實踐此書的方法，你也一定做得到！」

—— 劉恭甫，創新管理實戰研究中心執行長

「多閱讀他人成功的投資經驗是有益的，從小錢滾大錢的故事勵志，只要有心你也能做到。我非常推薦散戶執行波段操作，這比每天當沖勝算高，而且獲利也不小。巨大的獲利是坐著等出來的，不是每天進進出出賺來的。而找到好的股票「逢低買進＋抱長線」都可以有不錯的獲

利。好的操作方法，可以經歷股市空頭、多頭的循環而讓資產增長。建議每個人都學會投資理財，這樣才能擺脫窮忙族。怎麼選股、怎麼用技術分析找出買賣時機，我們來看詩慧的無私分享。」

—— 獨孤求敗（獨大），

暢銷書《贏在修正的股市操盤絕技》作者

「在同事牽線之下，我在 2018 年底專訪了陳詩慧，發現她的故事很勵志、充滿正能量！她從小就奮發圖強，積極追求夢想，從不輕易放棄；早期曾糊里糊塗買到地雷股，後來痛定思痛，不斷摸索、學習，透過了解產業趨勢掌握電子龍頭股的波段操作心法，從小資散戶晉升成為富媽媽，相信這本書能幫助許多想改變自己人生的讀者。」

—— 龔招健，《Money 錢》雜誌主筆

**前言**
# 波段操作 4 年，400 萬變 4,000 萬

　　大家好，我是陳詩慧，謝謝你翻開這本書。

　　我寫下這本書，是希望跟大家分享，其實小資族只要擁有一顆想脫貧的心，用對方法，就可以擁有財務自主的人生。

　　1997 年，我大學畢業後，雖然懷抱著出國念書的夢想，但礙於經濟問題，所以先進入職場工作。為了完成出國念書的夢想，我開始投資理財。有人說，投資會有新手運，但我卻一路荊棘，第一次投資就踩到地雷股、買基金大賠。

　　在現實生活裡，每天柴米油鹽醬醋茶，想要對發票中獎，或有天上飛來一筆的幸運錢財，都似乎是遙遠不會發生的夢想。但在投資的世界裡，若我們想要賺錢，必須學

會金錢的語言，跟賺錢的工具溝通。於是，我下定決心，好好學習投資，慢慢培養理財觀念和習慣。

過去十幾年來，我是一個工作忙碌的小資女，從幾千元開始，一步一步累積經驗，嘗試過基金、黃金、石油、房地產等各種投資方式。後來，我嘗試投資股票。

股票有很多派別，包括：存股、波段、當沖、技術分析、籌碼分析……近幾年，台灣流行存股，當然存股的獲利比銀行定存與儲蓄險的利息高，但對我來說，要靠存股翻身，實在太慢，我要的不只是穩定領股利，而是要逆轉人生，因此我選擇波段操作。雖然有人會覺得波段操作風險很高，但只要用對方法，不斷操作練習，修正模式，一定能找到創造被動收入的獲利方法。

2016 年 8 月，我創業失敗，努力 3 年投資的 300 萬元付諸流水，想到還有 1,800 萬元的房貸，每月要繳 10 萬元，沉重的經濟壓力讓我每天好憂鬱。

2017 年，我觀察到，當時全球經濟復甦，新台幣不斷升值，外資不斷買進台股，是經濟起飛的徵兆。因此，

我靠著過去累積的投資經驗，把剩下要繳房貸的 400 萬元投資股市，秉持著不能賠錢的信念，開始波段操作。2017 年～ 2021 年初，我發展出一套「波段 123 投資法」，把本金 400 萬元變 4,000 萬元，4 年獲利 10 倍。

本書中，除了我會分享個人的故事，投資成功和失敗的經驗，也會分享自己如何以巴菲特的價值投資法為基礎，從基本面的財報，挑出未來潛力的熱門產業和對的公司，以及如何設定合理區間價，從技術分析指標切入買賣的時機點。

只要是會讓你獲利的方法，都是好方法，但每一種方法都需要經過一步步扎實的練功，累積豐富的投資經驗和次數，會越來越有投資手感與敏銳度，才能提高獲勝的機率。雖然我主要投資股票的產業是電子業，但這本書介紹的波段投資三步驟，可以運用在不同產業。

最重要的是，如何做好資產配置，成為後盾，讓被動收入大於主動收入，到那時，就可以發展自己的夢想，創造屬於自己的天空。

　　本書我收到的版稅，會全數捐給「創世社會福利基金會」。2017 年 1 月，在我人生最黑暗的日子裡，參加照顧服務員訓練課程。於長照機構服務失能的人，其中有位為情而跳樓的美麗植物人。於照顧她的期間，讓我體悟到，原來植物人是有感覺的，她對我笑了。

　　在那當下，給我內心很大的感動。想到自己，雖然創業失敗，與龐大的房貸壓力，但我好手好腳的，有家人陪伴，應該有能力做更多事。悲傷憂愁的我頓時消失。感謝老天爺，讓跪在地上的我，歸零重新學習，要我去創造更多幸福。

第 1 章

# 脫貧人生的關鍵階段

# 01 為了撕掉問題兒童的標籤

　　我從小生活在收入低於平均水準的雲林縣，由於原生家庭也不是很富裕，家人沒讓我上幼兒園，從小跟著母親做家庭皮鞋代工，用鐵鎚把皮鞋上的皮片邊緣敲整齊。罐頭工廠會將荔枝和鳳梨送到村子裡，我跟著母親把荔枝殼與種子剝出來，完成後，工廠再一籃一籃載回。就這樣一片一罐幫家裡存生活費，貼補家用。

　　到了即將讀國小一年級的年紀，當時父親工作需要，全家必須搬到台北生活。國小一年級開學第一天，老師要先測驗注音的程度，但由於我沒上幼兒園，沒先學過注音，所以完全不會，因此第一次考了 0 分。隔天上學，還是有注音測驗，我一樣考了 0 分。

　　老師對我說，明天會再考試，要我回家好好複習。為了考到好成績，我向考 100 分的同學借考卷，想說可以用死背的方法，讓自己考到滿分。第三天上學，以為自己背

得妥當，自信滿滿，沒想到老師改變考試的方式，變成聽寫，老師念注音，要我們寫下來，自己只寫上前天死背的注音，考卷上也沒寫上名字。下課後，老師叫我去找他，跟我說：「我看到沒寫名字的考卷，就知道是妳，以後考卷記得寫上名字。」

我以為前一天努力死背，會考到 100 分，沒想到第三次的注音測驗，還是考了 0 分。從此，我開始自暴自棄，也不想認真學習，不寫作業、考試作弊，因此被貼上了問題兒童的標籤，每天都過著被老師和父母處罰、打罵的日子。

國小三年級月考，我考了全班最後一名，老師請母親到班上，在全班同學眾目睽睽之下，開始教訓我，母親打了我一巴掌，讓我覺得很丟臉。下課回家後，還被罰跪，下定決心一定要認真念書，想當上班長。

下一次的月考，我考了第二名，老師為了獎勵我，實現我的目標，讓我擔任班長。這是我第一次體悟到，人生原來可以如此美好，也讓我學習到，只要肯努力學習，就

會有好結果。此後，每當感覺到自己又陷入困境，我就會想起國小三年級的這段經歷，告訴自己，一定要努力想辦法脫離瓶頸，不要放棄自己。很感謝母親這巴掌，激勵我努力向上的人生。

# 02 自己賺來的夢想，如此美好

到了國小五年級，學校允許高年級的學生騎腳踏車上學，於是我跟父親提出我需要一輛腳踏車的需求。第二天，父親不知道從哪裡牽回來一輛生鏽的腳踏車，輪胎還破了，很難騎。結果，父親只幫我補了輪胎。

隔天，我騎著破爛的腳踏車去上學，路上遇到同學，還被嘲笑。因此，我下定決心暑假一定要自己去打工，自己賺零用錢，買自己喜歡的腳踏車。一到了暑假，我鼓起勇氣，到住家附近的紡織廠應徵生產線的工讀生，就這樣開始了我人生的第一個暑期打工。每天聽從領班的指示工作，搬毛巾、剪毛巾線……

暑假的天氣很熱，每天氣溫都超過攝氏 30 度，工廠像烤爐一樣熱烘烘，空氣中瀰漫著毛屑，讓人忍不住一直咳嗽，整天下來，覺得體力耗盡。回家吃完母親做的美味晚餐後，洗澡、睡覺，隔天早上七點多，再繼續整天的打工。

　　暑假結束時，領到了人生的第一份薪水，總共四千多元，雖然工資不多，但我拿到錢的那一刻，覺得好開心，於是迫不及待到腳踏車行，買了人生第一輛腳踏車，實現了每天的夢想，像連續劇女主角一樣騎著腳踏車。隔天，騎著新買的腳踏車，心情變得很輕盈，在路上遇到同學，被同學稱讚腳踏車很漂亮。

　　原來，自己賺來的夢想，是如此美好！

## 03 擺脫命定，靠努力扭轉命運

上了高中，原本在後段班成績名列前茅，但高二被調到前段班，成績一下子一落千丈，瞬間日子如同從天堂掉到地獄，課業壓力很大，每天都不想上學。

有次，在課堂上打瞌睡，老師為了把我叫醒，很不客氣地向我丟板擦，讓我身上沾滿白粉，班上同學全部看著我一人，讓我真的很難為情。

高三暑假，母親找了一位算命師，問我能不能考上大學。算命師跟她說，我考不上大學，以後沒什麼用。父親得知後說，如果考不上大學，就去紡織廠當女工，但想到之前在紡織廠打工的日子，每天都被悶在鐵皮工廠裡，吸著滿天的棉絮，我告訴自己要擺脫紡織廠女工的命運。

於是，聯考前的暑假，在同學和老師的督促與刺激下，我拚命念書，讀到累了，我就會到附近散步，呼吸新

鮮空氣，再走回圖書館念書。若圖書館排不到位子，我會到家裡頂樓的鐵皮屋，努力讀書。夏天很熱，鐵皮屋裡更是像一個大烤爐，一台舊電風扇吹出來的風都覺得熱熱的，邊讀邊汗流浹背。真的熱到受不了時，我會把全身沾溼，電風扇再吹就涼了。

越熱讓我越堅定自己的意志，我一定要考上大學，翻轉人生。自己的命運，要自己運命。為了可以拿到更高分，我把課本背得滾瓜爛熟，考了滿分。在越艱難的環境下，越可以激勵我想努力向上的心。

就這樣日復一日。皇天不負苦心人，原本不被預設會考上大學的我，出乎意料考上東海大學夜間部外文系。全班只有五人考上大學，而我是其中之一。

這次又靠自己努力不懈，不放棄自己，扭轉自己的命運，感受到辛苦過後的美好。

上大學後，由於家境的關係，家裡給我的零用錢每個月只有 4,000 元。我覺得生活費不足，因此利用寒暑假的時間打工，靠自己支付生活費。一大早 5:00 到早餐店煎

蛋餅，晚上當家教，還幫法國人帶過小孩，身兼數職，夢想畢業後，可以到國外念書。

畢業時，還沒存到出國的錢，所以先進職場工作，告訴自己有一天一定要完成出國的夢想。當時，電子業是每個人嚮往的工作產業，於是我找工作的目標是一間上市的電子公司。

為了讓公司面試官有第一好印象，我買了一件套裝，那件套裝的價格對當時的我來說，是天價，但面試的過程，面試官詢問我的問題和考試，讓我很受挫，以為自己沒有機會了。我想著，如果沒被錄取，就到住家附近的鞋廠上班。

沒想到，我收到了錄取通知，那一刻真的欣喜若狂，信心大增，於是我開始了我的電子業職涯。雖然我順利獲得工作機會，但對面試的挫折還是耿耿於懷，我選擇誠懇以對，願意付出最大的努力學習。

上班後，我發現不少同事都有出國留學的經驗，有從美國、德國、英國、日本、西班牙回來的同事，更加發現

自己的渺小與能力不足，覺得自己還有很大的空間需要提升，讓我更篤定要完成出國念書的夢想。

# 設定目標和夢想，延遲享樂

　　為了完成出國念書的夢想，開始養成節儉的儲蓄習慣，也有了努力工作的動力，能省則省，很少跟同事聚餐，盡量避免外食，克制購買新衣服和鞋包的欲望，也減少和朋友一起參加休閒活動。每個月的薪水扣除孝親費，還可以存下三分之二。

　　出社會工作第二年，已經存到一筆錢，從來沒有出過國的我，和三位同事規劃到舊金山自助旅行兩週，雖然旅費會花掉三個月的薪水，但評估風險和價值後，覺得還是很值得，除了犒賞自己，也順便看看世界，更覺得離自己的夢想越來越近。

　　原本自己沒什麼自信，但自助旅行回國後，認為自己有能力獨立自主，也覺得自己見過世面，雖然花掉了旅費，卻讓我賺到了自信，想到每天的工作是往自己的夢想邁進，工作起來更加快樂。

　　前幾年，上了情商課，才讓我了解到，原來這就是自律，也就是延遲享樂的能力。史丹佛大學的棉花糖實驗顯示，4 歲時可以忍住 15 分鐘沒吃棉花糖的小孩，長大後表現比較優異。他們順利就讀大學，而且入學測驗平均成績比忍不住吃了棉花糖的小孩高了 213 分。他們與老師、同學、父母互動良好，事業成功機率高。他們適應力強，跟實驗裡那些急忙吞下棉花糖的孩子比起來，他們較善於自我控制。

　　雖然最新的研究推翻這個論點，但對剛要起步的小資族來說，延遲享樂是必須要養成的能力，設定目標與夢想，短期可達成稱為目標，長期堅持毅力達成的是夢想。為了目標與夢想節制享樂購買的衝動，不受外在環境影響，了解自己要的是什麼，穩住自我朝目標前進。

# 05 想靠投資翻身，結果被套牢

　　然而，為了加速存到出國念書的學費，在身邊同事熱烈的討論之下，不懂投資的我，也想要靠投資賺錢。1998年，公司薪資戶銀行理專推薦什麼基金，我就投資了，自己也沒仔細研究。

　　根本不曉得，1997 年才剛發生亞洲金融風暴，只是一心一意想快點存到出國留學的錢，於是我聽信理專的推薦，理專說，現在日本基金已經跌到很低了，加上那個年代哈日，覺得日本是經濟大國，因此把辛苦工作一年多的存款 30 萬元買了日本基金。結果，我買在最高點，基金繼續跌，因此套牢。

　　直到 2000 年 4 月，政黨輪替，台股熱絡，大盤指數攻上萬點行情，全民瘋股，談論股票成為閒餘飯後的話題。有天，我在報紙財經版頭條看到，順大裕（1223）會配股 1 張。

　　過沒幾天，我把日本基金贖回，本金賠了 16 萬元，剩下 14 萬元，加上賣出公司每年的年終配股和存款，我有了將近 100 萬元的資金。這筆錢雖然還不夠出國留學的全部費用，但不懂股票的我認為，可以把一部分拿去買 1 張 226 元的順大裕（1223），這樣一來，1 張就會變 2 張，而且股價還會繼續漲，所以我就向公司提出辭呈，安心飛到英國念書，實現夢想。

　　原本想說可以靠配股配息，就不用煩惱接下來的學費，但沒想到當我要繳下學期的學費時，發現股市崩盤，順大裕變成被迫下市的地雷股，頓時少了四十幾萬的生活費。當時，我心中非常焦急，痛苦萬分，以淚洗面，覺得沒有錢可以繼續留學，夢想只完成一半。

　　但好不容易才到這裡，再過半年就可以畢業了，考慮到底要繼續，還是該回家？

　　後來，決定繼續完成學業，因此第二天到英國威爾斯街上的漢堡王（Burger King）面試，展開國外打工的生活。但光靠打工還是無法支付學費，為了繳學費、完成學

業，我決定向親朋好友借錢，很幸運借到了四十多萬，也開始了我的負債生活。

2001 年底，我順利通過考試，完成論文，因為生活費所剩無幾，所以我就回台灣，趕快安排面試。

這個經歷讓我得到教訓，不要只看新聞買股票，也不要覺得買進股票後放著就會獲利，也有可能原本看好的股票，在一夕之間變成壁紙，賠掉本金。

## 06 拚命工作，拚成業務一姐

2001 年底，念書回國後，評估未來產業前景，於是選擇進入一家未上市的科技公司上班。當時，一心一意只想趕快還清跟親朋好友借的錢，所以每天努力工作。一開始，我擔任專案經理的職務。

2 年後，老闆問我，要不要試試業務工作，但必須對外開發訂單，扛業績。我知道，這是可以賺到更多錢的機會。若我可以和大客戶簽約、拿到大訂單，被加薪升遷的機會更好。我也可以存到更多錢買房子給家人住，立刻感謝老闆給我這個機會。

我相信，只要認真努力，拚命工作，就會有意想不到的收穫。於是，我開始不停出差，開發新客戶與新產品線，為了贏得客戶的信任與訂單，我每天工作到半夜，希望公司可以幫我加薪、能獲得更多的獎金。

2003 年，開始了我的業務生涯，開拓國際市場。經由我的分析，觀察到市場將有大量的 MOD* 需求，然後找出美國前兩大電信公司，當作目標客戶。我透過各種管道，找到他們的聯絡資訊，一步步建立彼此合作關係。用盡各種方法吸引他們注意，讓他們相信我們的實力。通常剛開始開發大客戶時，需要花比較多時間，一但簽下合約，確定合作關係後，將會是長久的訂單。這就是所謂，客戶不需要多，在於精。

接下業務工作的初期，我需要獨自出差，前往美國開發客戶。有次經驗，讓我永生難忘，某天半夜抵達美國，在機場租車開往旅館，手上看著地圖，竟然迷路，還開到懸崖邊。車子前方是是高深懸涯山谷，好害怕，冷汗直流，心中想到 3 歲的寶貝兒子，他還在等媽媽回家。此時，我告訴自己要冷靜下來，看著後照鏡，慢慢倒車，深怕一不下心，掉入萬丈深淵，從此與兒子永別。

---

\* 多媒體內容傳輸平台（Multimedia on Demand, MOD），是藉由現有的電話線，加裝 ADSL 後，提供用戶同時打電話、看電視、看影片、唱卡拉 OK 及高速上網等服務。

我安全倒車成功，當我離開懸崖的那一剎那，突然有一股置死地而後生的感覺，接著我放聲大哭，拚著一股即使到最後關頭，也不願輕言放棄脫困了。從此，我再也不害怕，豁出去，全力衝刺我的訂單。

在開發客戶時，常常會聽到：「你們公司這麼小，連歐洲廠都沒有，為什麼我要把單子轉給妳？」

我通常會這樣回客戶：「我們有無微不至的服務，與最敬業的團隊。」

然而，客戶不停要求提供樣品，但我們卻始終沒有接到訂單，當時覺得很累，忙到懷疑人生，懷疑這樣的努力對不對，到底要不要繼續努力。每天都在期待可以接到訂單，也告訴同事再加油，再努力一下就會收到訂單。

雖然我們的產品價格比別家廠商貴了 5%，但我們有即時的服務，就算加班到半夜也可以隨需趕工，解決客戶的問題。因此，經過兩年半的努力，我們提供了 13 次的樣品，公司的效率和品質，終於達到客戶的要求，也獲得認可，年營業額貢獻度超過百億元。

最感謝當時一起工作的研發團隊夥伴，我們一起不眠不休，夙夜匪懈工作，心中想著搶下大單。感謝老闆的信任，提供我們舞台。

那時，我喜極而泣，淚水沾滿臉龐，覺得自己的辛苦沒有白費。

我相信，只要設下明確目標，帶著一顆堅毅的心，比任何人腳踏實地努力，不管遇到任何困難，勇往直前，只要抱持著正面的思想就能產生正面的結果，自己能擁有掌握自己的幸福能力。

從那筆百億訂單後，每年都穩定接到百億訂單，我也因此成了公司的業務一姐，業績占公司營業額的 50％，連續長達 5 年創下公司最高的營業額。

努力工作的結果，讓我的薪水、獎金、越來越多，累積到財富。

這跟我的投資習慣很像，首先分析挑選哪個產業未來有潛力，再挑選出那個產業前兩名龍頭股研究其基本面。

這四年來，我操作波段的個股就是那幾支，但每支波段操作都是百萬的獲利實力。

我有兩面盾：前盾是果敢，即使到了最後關頭，也不輕言放棄，盡全力衝鋒陷陣、破除難關。

後盾是我的家人，尤其是我的母親，在我專注眼前無暇顧後時，她護我周全，讓我無後顧之憂，全心全意放手一搏。

## 07 買車、買房，開始負債生活

婚後，我和先生在新竹竹北租房，每個月租金 1.5 萬元，兩人的資產就只有 2 輛摩托車。

我懷孕 6 個月時，為了肚裡小孩的安全，我們買了 1 輛 10 萬元的二手汽車。但有一天下大雨，在上班途中，我開著二手車經過一灘水時，車子就熄火停在路中間，我挺著大肚子站在馬路旁流淚，又氣又崩潰。為了不讓悲劇重演，也覺得一分錢一分貨，隔天到車行買了輛全新的轎車，分 40 期付款。

大兒子出生後，我們還租在家具簡陋、空間不大的房子裡。下班後，晚上看著兒子睡覺可愛的模樣，想讓小孩有更舒適的環境，和先生討論後決定買房，向銀行信貸，並賣掉公司配發的股票，湊足頭期款，買了人生第一間的房子。

2003 年，我開始了負債生活，車貸 64 萬元、信貸 50 萬元和房貸 200 萬元，總共 314 萬，每個月要繳 3.4 萬元的貸款，我因此成了月光族。

雖然繳房貸很辛苦，但我把房子當成存錢撲滿，除了不必再租屋，也可以不需要擔心房東突然不出租，而讓我們忙於搬家。買房的決定，穩定我們家的軍心，讓我們為未來的每項投資，都繞著房子做規劃，未來的投資與資產成長更穩健。

## 08 負債，反而成為加速脫貧的動力

2003 年，我開始負債生活後，努力工作，拚成業務一姐，幫工作締造了有史以來最好的業績。不過，光是賣命工作，覺得還是無法快速把負債還清。

於是在工作 2 年後，決定認真學習投資理財，每天看財經雜誌和新聞，上網找資料研究。我在 2005 年～ 2008 年，打下很好的投資理財基本功，由於我不是學財經出身，加上之前投資失利的經驗，所以每週在 7-ELEVEN 看財經雜誌，如果有不懂的專有名詞，便記下來，回家上網搜尋資料研究。

從這些財經消息，讓我了解到總體經濟的重要性。總體經濟，就是全球經濟的格局，無論政治、貿易秩序、貨幣匯率波動、關稅變化……都會影響股市的漲跌，可所謂牽一髮而動全身，所以若想要投資掌握趨勢先機，就必須先全盤了解全球的整體經濟。

由於出國留學前買到地雷股的投資經驗，讓我怕又在股票賠錢，加上財經雜誌都有基金排行榜的介紹，基金又比股票好入手，也比較便宜，當時覺得基金比較不會踩到地雷，所以開始運用基金平台投資，包括黃金、礦物、能源、石油等基金。

投資基金的經驗，讓我練就波段的手感，2005 年～2008 年，我的獲利翻倍，每年幫自己加薪 3 ～ 6 個月。

## 09 實現創業夢，卻讓我跌跤

　　以前我在紡織廠打工時，很羨慕紡織廠的老闆，不必像我這麼辛苦，付出那麼多勞力，就可以賺這麼多錢，因此創業一直是我的人生目標。

　　在工作的同時，我也熱中參加很多社團，尤其高球社團，認識到不少各行各業的老闆，對他們來說，幾千萬元資金都不算多，他們的身價都是好幾個億，甚至百億，擁有更多財富後，才有能力為社會創造更多價值。他們讓我明白，有了基本經濟基礎才能創業，才有希望達到自己的夢想。在電子業工作這麼多年，我更加了解到，想達到人生的財富巔峰，要靠創業。

　　我在原本任職的公司成為業務一姐、人生走到一個境界後，開始思考人生意義與如何精進自己。2006 年，我參加交通大學高階經理培訓班時，校友會執行長陳俊秀最常提到的一句話是：「創造自己被利用的價值。」從基層員

工到拚成業務一姐的這 5 年來，我認真學習，不怕吃苦，讓我蛻變成非常出色的業務，擁有與人溝通、創造新人脈的能力。

我創造了公司有史以來最大的訂單，與團隊夥伴們用盡生命、全心全意衝鋒陷陣創造出有史以來最輝煌的每年百億訂單。2008 年，我們的夢幻團隊得到公司最佳團隊的冠軍。這時，我也開始思考該如何再度破繭創造更多價值。於是，2011 年我報名了清華大學的 EMBA 課程，藉此增加自己的人脈與實力。在外面奔走，會遇到電子業的大老，分享他們的創業故事，因此創業夢想開始萌芽，希望有一天，也可以跟他們一樣謙卑，卻受人尊重。

學校開設創業的相關課程，教授鼓勵同學可以自行創業，希望我們跳脫舒適圈，為台灣及個人創造更多價值。我是班上最年輕的女學生，在班上活躍服務大家。當時的我，剛生下第三個小孩，忙碌的工作出差，當空中飛人，還有準備課業念書，真的是人生中最忙碌充實，卻又開心的 2 年。

2013 年，公司的管理階層有人事變動，整個組織大幅調整。當時，我剛好 EMBA 畢業，班上有軟體背景的同學請我介紹公司高層給他認識。幾次討論下，我們看準物聯網將是未來產業的明日之星。因此一起創業，成立一間以物聯網、雲端軟體服務為主的公司。

創業打拚了 3 年，犧牲家庭的親子相處時間，不眠不休美國和台灣兩地奔跑，好不容易拿到美國大訂單，大好前程在眼前，美國客戶也想投資我們，公司即將變成跨國企業之際，沒想到最後卻因為股東們出現了各種紛擾，理念不合而解散。

當初，我創業的資金 300 萬元付諸流水，一切變成空，身體的病痛也接踵而來。對我來說，這次的創業失敗，是我身心靈最大的挫敗，讓我人生從意氣風發的雲端，如自由落體般墜落至無底的深淵。

然而，我的第一次創業，讓我認知到團隊間的信任，是創業成功的鑰匙，也讓我學到了人生最寶貴的一課。

# 10 經濟壓力，放手一搏重返股市

　　歷經創業失敗，虧損 300 萬元，從公司負責人，變成沒有工作，沒有收入，還有 1,800 萬元的房貸壓力，每個月要繳 10 萬元的貸款，壓力大到開始懷疑人生，沉重到每天半夜驚醒，夢到房子被抵押，孩子沒有房子住。我滿腦子除了脫貧，已經沒有任何精力應付瑣事，整天都很憂鬱，每天早上一個人獨自坐著思考該怎麼籌錢繳貸款時，幾乎都會不知不覺掉下眼淚。先生安慰我說，我們再換回小房子就好，把這裡賣掉。但我很不甘心，就要到來的幸福，如同風箏，一放手，就飛了。

　　此時，我意識到，如果自己再這樣下去，會得憂鬱症，會影響到自己和家人的生活。想到過去同事常跟我說：「為什麼妳每天看起來都很開心？」「這個很難達成，妳確定妳可以嗎？」

　　而業務最大的特質就是樂觀，我不管遇到任何困難，

就是先告訴自己：「我可以！」然後，一步步計畫如何達到，如果遇到困難，會把問題找出來解決。因此，我再次跟自己說：「這次的難關，我可以度過！」

重新整理自己的這段時間，有了更多屬於自己的時間與投入家庭。此時看到一篇文章提到，當你的人生遇到困難，不知道要做什麼，去當志工就對了。於是 2017 年 1 月，報名了照顧服務員的課程，並且到女兒學校當 EQ 志工。由於我和先生的資產是分開的，還記得創業失敗的當下，先生說若我需要，他可以提供基本開銷。有了先生的支持，我決定放手一搏，把手上原本要慢慢還房貸的 400 萬元，投資股票。

有人可能會質疑，明明負債，怎麼敢把剩下的錢投入股市中？

其實，2016 年，我觀察到幾個現象，加上十幾年來的投資經驗判斷，才讓我可以放手一搏，把原本要繳房貸的 400 萬元，投入股市中錢滾錢：

1. 美國經濟情勢改善：美國失業率下降，就業市場持

續呈現良好走勢。

2. 中國經濟穩定：GDP 不斷成長，每季超過 6％，預估 2017 年經濟成長將超過 30％。

3. 外資挺台股：熱錢湧入台灣，帶動新台幣強勢升值。當時央行調查是否有炒匯的行為，結果是外資把熱錢投入股市。新聞報導外資持有國內股票、債券及新台幣存款餘額達 3,538 億美元，約外匯存底的 80.7％，外資持有台幣資產及比重同時創下新高。

4. 全球經濟環境正在復甦：以美國、中國、日本、德國、英國、巴西為主，通常 10 年一個週期。

我認為，存股獲利太慢、當沖風險太高，最快可以長期穩定獲利的方式，就是波段操作。《一個投機者的告白》（*Die Kunst über Geld nachzudenken*）提到：「**有錢的人，可以投機；錢少的人，不可以投機；根本沒錢的人，必須投機。**」

當時的我，背著重重的房貸壓力，看到這幾句話，突

然頓悟到，我就是那個沒錢的人，因此我必須要投機。我把《一個投機者的告白》認真研究，這本書建立我的投資哲學，尤其是心理層面，讓我了解到：

- **好的投資者要像個專業工程師，寫出專業穩定的投資程式，可以穩定的獲利**

- **好的投機者像是專業的創作家，需要有與眾不同的想像力**

我開始融入德國股神安德烈・科斯托蘭尼（André Kostolany）的世界，我是個沒有錢的人，我要當一個投機者，翻轉我的人生，於是選了電子業，做為我正式投資的開始，開始 5 年小額投資練功，慢慢建立起自己的投資模式，2017 年，彙整出天龍八步投資心法。

2017 年，全球經濟一片看好，台股上漲了 15％，外資火力全開，大買台股兩千六百多億元。由於我抱著不能賠錢的決心，因此設定好的投資原則，跟著主力的方向操作，僅花 7 個月時間就成功將 400 萬元的本金翻倍，滾到 1,227.9 萬元，當年獲利約 210％。

　　2018 年，台股大盤指數從 11,270 點跌到 10,189 點，在這區間來回震盪。如果不熟股市的特性，要賺錢不是很容易，因此這段期間，不少投資人賠錢。就我的投資立場來說，股票投資操作就像公司一樣，最好是每月結算業績，從中獲利，**尤其是股市屢創新高的行情，波段操作是最適合的投資法，看準一個週期交易買賣，賺取價差，入袋為安。**

　　多虧 2017 年的獲利，讓 2018 年的選股更有信心，投資報酬率高達 200％，把 1,200 萬元滾到 2,400 萬元。

　　2017 年到 2018 年的投資績效，讓我開始經營部落格，公開我的「天龍八步投資心法」和投資過程，獲得不少好評，也接受許多媒體採訪，向更多人分享我的投資心得與方法。我從一個小資女從股市中賺到千萬資產，希望可以幫助到像我一樣的小資族，讓他們可以參考我的投資方法脫貧。

#  新冠肺炎疫情，資產縮水

一套對的投資方法，可以讓我們有一條修練之路遵循，然而投資方法也會隨著環境變動，就必須有所調整，這是我在 2020 年學到最重要的一課。

2017 年～ 2018 年的投資獲利，讓我解決了房貸壓力。由於創業是我一直以來的人生目標，因此接下來的2019 年～ 2020 年上半年，我將重心放在開創新事業，所以把錢放在自以為熟悉的石油 ETF。

這幾年來，我用石油去觀察總體經濟，對我的投資績效幫助很大。2020 年新冠肺炎（Covid-19）疫情，導致石油價格跌到最低點，創歷史新低。

我原本以為會開始止跌回漲，因此加碼買進，結果全球石油產量過剩，多到沒地方存放石油。竟然上演史詩的大悲劇，油價跌破每桶 10 美元，甚至來到 -37.5 美元，出

現負價格就代表賣方還得賠 37.5 美元給買方，買方才願意收購。

我投資石油 ETF 的 25 萬美元瞬間只剩下 18,854 美元。各大財經新聞爭相報導，石油投資人哀鴻片野。這次的投資失利，讓我資產縮水。

還記得當時，和家人外出吃飯，吃完飯後，到手搖飲料店消費，我跟小孩說：「媽咪這次賠掉的錢可以讓你們開 2 家飲料店了，但以後媽咪如果把錢賺回來，就幫你們開飲料店。但要先好好念書，先去工作學習。」他們就開心聊著誰要當店長、誰要當財務長。

經過之前好幾次的失敗後，這次再度跌倒，讓我不再像過去一樣憂鬱和焦慮，反而可以用樂觀的心態去面對，也讓我更謙卑面對周遭的人事物。

# 12 修正投資法，提高波段勝率

2020 年的投資失利，讓我重新審視自己的投資方法，想辦法彌補 650 萬元的慘重損失。

剛開始，我在投資美股石油的獲利不錯，後來看到石油價格來到歷史低點，以為可以便宜買進，因此投資更多。後來，我發現石油價格屢創歷史新低，就我當時的判斷，認為石油會翻漲，不斷投入資金攤平成本，結果出現負油價，導致虧損慘重。

這次的經驗讓我領悟到，當世界發生新冠肺炎疫情，讓全球股市大震盪，上演史詩般大崩跌時，千萬不要因為已經破低點，而大量買進，因為這種無法預測的災難，將會引起大恐慌，導致投資人急於拋售手上的股票，反而讓以為趁機便宜買進的散戶慘賠。

我自以為聰明，認為石油已經跌倒歷史低點而一路買

進，沒有想到，低點有更低，石油 ETF UCO 從 15 美元跌到 1 美元，甚至在 2020 年 4 月 21 日跌到 -37.5 美元，我投資的 700 萬元只剩 50 萬元。這次學到的教訓是，當整體崩盤時，千萬不要去接落下來的刀。

對於曾經跌倒多次，也爬起來多次的我，第一時間想到的是，如何能以更有效率的獲利方式，讓自己的創業夢想可以繼續運轉。還好，我一直有資產配置的習慣，只放三成資金於股市，避免雞蛋放在同一個籃子上。

長久以來，我習慣用石油觀察總體經濟，石油崩跌的這段時間，花了更多時間分析研究石油走勢。當時觀察到，中東、俄羅斯、美國等產油國家，為了消耗過剩的石油一起減產 30％。後來，疫情有好轉的跡象，內需也開始好轉，尤其中國用油量變大，幾乎恢復到疫情前的水準。於是，我再將手邊的 250 萬元再投入石油 ETF UCO，於 1 個月獲利翻倍，接著投入美國超微半導體公司（AMD）、Apple 等績優潛力股。

我已經度過投資石油虧損的心情，重拾信心。2020 年

5 月，我觀察到，世界各國因為疫情嚴重，很多企業無法正常運轉，而台灣因為疫情不嚴重，電子產業正常營運。加上美國實施貨幣寬鬆策略，不斷印鈔票，表示將會有越來越多的錢在市面上流通，也使得美元指數（DXY）不斷下跌，從 103 跌到 98。**當美元指數越低，代表人們覺得經濟穩定，願意把錢從銀行拿出來投資，因此我判斷人們會把錢從銀行領出來用於投資。**

石油止跌回漲，從 20 美元、30 美元到 40 美元，而美元指數從 103，下跌到 98、95，因此我研判，總體經濟開始好轉，人們將把銀行領出來用於投資。於是我決定將手邊的現金 600 萬元，全數投入台股。2020 年 5 月，決定投入股市時，台股指數已經要接近 12,000 點，財經新聞都在討論股市會不會破歷史新高。

我為了讓投資報酬率更好，將過去的天龍八步投資心法研究，簡化成波段三步驟。經過了 1 年的操作，證明我修正後的投資策略是正確的，不管什麼時機都有效。

一個對的投資信仰，可以接受時代的考驗，如一棵百

年樹，不會枯萎，如巴菲特的價值投資法一樣，成為投資者的聖經。有了正確的方法後，次數與經驗，將讓勝率攀升提高，對自己更有信心。

第 **2** 章

# 什麼是波段投資法？

# 13 波段投資的基本知識

　　股票投資的方法五花八門，也有很多流派，例如：價值投資、技術分析、籌碼、當沖、波段……大家最熟悉的是巴菲特的價值投資法，我也是運用巴菲特的方法選股，在選擇投資標的時，會看產業未來的潛力與該產業公司的條件，比如公司願意投資新設備、增加研發經費、取得專利、開發新產品、快速拓展業務、擁有優秀的經營團隊等。當然，還必須具備財務面營收獲利佳，讓我們能看到它的價值，願意購買該公司的股票。

　　不過，我的投資方法是巴菲特價值投資法，再搭配波段操作。

　　**波段操作，是指在股價相對低點買進，等到股價相對高點再賣出的投資方法，從中賺取價差。**

　　我會選擇波段操作，覺得台股無法像美股一樣採價

值投資法，只要存股，就可以翻漲好幾十倍，台股指數在 1990 年最高點 12,682 到 2021 年最高點也才漲到 17,595 點，漲幅不到四成，而美股道瓊工業指數 30 年漲了 13.5 倍。擁有十幾年投資經驗，我看到很多原本的績優股開始衰退，像是宏達電（2498），隨著 PC 沒落，失去智慧型手機市場，股價從 1,300 元暴跌剩不到 40 元，因此我認為，長期持有一支股票具有一定的風險。

這些曾經突破千元大關的績優股，似乎在告誡著我，要時時關心手上股票的相關新聞與產業資訊。

對於想要加快腳步還清房貸的我，意識到台股需要靠**波段**，選有題材的績優股票，**買低賣高操作，就像餐廳拚翻桌率一樣**，以增加營業額獲利。只有如此，我才能於短期內，用有限的資源，**翻轉**自己的財務資產負債表。

## 賺到 50%的波段行情就算成功

好的股票，如巴菲特價值投資法一樣，可以長期投

資。因為好股票不會只漲一次。股價的走勢總是如潮水般一波接著一波，有高低起伏。**如果能了解到好股票不會只漲一次的市場特性，捉住股價起伏的節奏，在低買高賣之間，取得波段獲利 50%，就是一個很棒的境界了。**要達到這個境界，投資人需要具備敏銳的洞察力和良好的心理素質，不斷累積經驗，波段操作的效率將越來越好。

由於好的股票只要營收獲利一年比一年好，股價就會不斷攀升，比如台積電（2330），然而就連續優股也會有下跌的時候，因此只要抓緊績優股漲跌的節奏，每年都可以有幾次波段獲利：

- **抓住下跌回檔 —— 買進**

- **累積量能 —— 耐心等待**

- **等到往上飆漲 —— 賣出**

很多人問我：「為什麼這支股票好，不長期持有 5 年、10 年，讓花長成甜美的水蜜桃再賣？為什麼要操作波段投資，好累啊！」

　　其實不會，想到透過波段操作，可以獲利更多，是一種樂趣，如打電動破關拿到寶物一樣。為了多拿到寶物升級，我們還是要多一點技巧，波段操作也是這個道理。如果我們的本金少，想比別人獲利更高，就必須靠波段操作，得到倍數的獲利。

　　2011 年，我接觸到的第一本投資書是德國股神科斯托蘭尼的《一個投機者的告白》，為我的投資心理打了很好的預防針。他提到以下幾點，讓我受益良多：

- 其實心理學造就了股市 90% 的行情。

- 有錢的人，可以投機；錢少的人，不可以投機；根本沒錢的人，必須投機。

- 只有仔細分析失敗，才能從中獲利；只有慘敗，才會讓人回到現實（這些過程都經歷過，只有痛苦，反省才會有重生的力量）。

- 投機家的條件：「資金、耐心、堅強的神經、獨立思考、經驗豐富與敏銳眼光。」

# 為什麼波段操作比長期持有獲利好呢？

圖表 2-1　波段操作與長期持有股票的差異

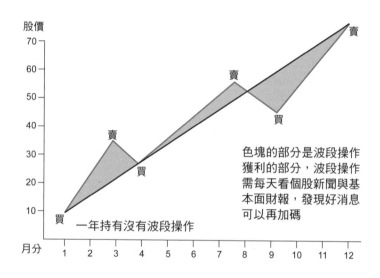

如果 1 張股票持有 1 年，以圖表 2-1 來比較波段操作
和一直持有的不同。

從上圖中，可以發現，若股價從 10 元漲到 70 元，色
塊的部分是波段操作獲利多餘的部分。

　　黑線是股票長期持有 1 年：從第一個起點低位買進，之後隨著價格上漲一路持有，直到第三波頂端的高點賣出，假設可以準確判斷買在低點、賣在高點，那麼獲利就只有一次。

　　紅線是三次波段操作：從觀察技術分析指標 KD 值，當 KD 值在 30 ～ 50 間買進，等到 KD 值在 80 ～ 90 間賣出，那麼可以來回三次波段操作（第 3 章有更詳細的 KD 值說明）。

　　比較兩種不同方式的操作獲利，分為三次操作可以多出色塊獲利的部分。這也是為什麼波段操作可以比長期持獲利翻倍更多的原因。

　　學習股票投資，零到一真的是最困難的。但第一步踩穩後，接下來會順多了。只要有投資成功經驗，透過經驗與次數，建立屬於自己的投資信仰後，反覆驗證，我們眼界與分析判斷的能力就不同了。

## 14 波段操作的注意要點

如果覺得存股獲利太慢，應該會開始對波段投資躍躍
欲試，但投資前，有幾點要謹記在心：


## 選擇缺貨題材產業的績優股，避免賣不掉

很多散戶喜歡追逐小型飆股，但我會盡量避開，因為
這類股票漲跌起伏大，尤其跌的時候直接跳水，會令人措
手不及，很怕自己成為最後一隻買進的老鼠。而且成交量
低，股價跌時，較難出脫。2017 年，我曾有兩次買興櫃股
的經驗，但結果都不好。

最好選擇歷史行情走勢較為平穩、有較好趨勢性，
而且流通量大小適中的股票進行操作。最好選擇上市櫃股
票，三大法人會買的股票，且有一定的投資比率。比如，

我比較偏好外資投資比率至少有十幾％的股票，如果連外資都願意投入，就表示該股票有一定程度的穩定性。

想要在股市賺錢，最好挑選容易賣掉的股票。若股票每天成交量太少，發覺獲利 30％想賣出時，因股票每天成交量少，賣出可能導致跌停板而賣不掉，侵蝕到獲利。

## 不要持有太多支股票

通常股市高手不會一次投資很多支股票，而是精挑細選維持在幾支股票，但每支股票張數多，採取精兵策略，如果一籃子股票，這樣反而無法細心照顧。

我持有的股票最多不會超過 3 支，可以避免踩到地雷，盡量挑選成交量大些的產業績優龍頭股，每天注意這幾支的財經消息，每個月的營收獲利是否增加，如愛人般照顧它。當手上資金隨著獲利越來越多時，更要挑成交量大的股票。當股價大漲要賣出時，才不會因為丟出很多張要賣而大跌，甚至跌停。

## 漲停就賣掉

買到突然漲停板的股票，應該是突然有利多消息，是我們很幸運撿到，或終於等到，獲利先了結。很多投資朋友會想，若隔天再漲停，我現在賣出沒有賺到怎麼辦？以我這些年的觀察，漲停的股票隔天跌的機率大過於漲的機率，因此先入袋為安。若這檔股票很好，不會只漲一次。

## 方法盡量簡單

我自己常用的技術分析有：K 線、MACD 指標、日線、週線、月線。找到精通的一、兩種方法，歸納出盡量簡單、明確且適合自己的交易原則。再加上「量先價行」的觀念，讓買進賣出判斷點更犀利。

## 合理停損

　　若股價大跌，我會搭配財經新聞的消息面，與基本面的財報是否有問題，判斷是否該停損。若真的財經有負面消息，或財務出現大虧損，業績變差，會立刻停損。若沒有，就繼續長抱到股價回升。因為每支股票都是經過選股SOP 的判斷分析而來，對自己要有一定的信心。

## 嚴守自己的投資信仰與紀律

　　要做一名系統化的投資人，就得把自己的方法化為一套固定明確的交易系統。有了系統後，經過多數演練，不斷反覆練習，累積越來越多次的成功經驗後，波段操作將會越來越容易，再進行覆盤或執行會比較容易。每次虧損，都要去找出錯誤的原因，不斷自我修正，精進屬於自己的 SOP。

# 沉住氣，相信自己的判斷，保持耐心

　　波段操作的最高境界是，能賺取上漲的中段行情，只
要能有 50％左右的獲利，就是成功的波段操作。千萬不
要抱著買在最低點，賣在最高點的心態。波段操作的波段
與翻桌率成功的操作才是重點。因為好股票不會只有漲一
次。能做到揮灑自如的才是高手，波段操作才是王道。但
這需要長期的經驗多次演練，累積成一條源源不絕的河流。

　　我會擔任志工或打球，轉移對股市上下起伏的心理
壓力。近兩年，參加 EQ 志工教師培訓課程，從了解管理
自己的情緒，到培養面對挫折的勇氣與解決問題的能力，
獲益良多。高爾夫球是我學過最困難的運動，從中體會很
多人生哲學，讓自己可以慢下來觀察局勢。我也參加了照
顧服務員課程與醫院實習，讓我體會到生老病死，人生無
常，因此讓我更愛家人，更珍惜當下。

#  現在是操作波段的最佳環境

近年來，存股是多數人投資股票的首選方法，許多媒體和投資達人都推崇。但是台股屢創新高，股市處於高檔，震盪起伏更加劇烈，其實不是存股的好時機，因為很容易存到最高點，反而被套牢。

2020 年爆發新冠肺炎疫情以來，各國為了振興經濟，採取「貨幣寬鬆策略」，不斷印鈔票，讓市場充滿熱錢，帶來股匯雙漲，使得各國股市皆創新高，興興向榮。

德國股神科斯托蘭尼在《一個投機者的告白》提到貨幣與證券的關係：「貨幣對證券市場而言，就像氧氣之於呼吸，汽油之於引擎一樣重要。沒有貨幣，即使未來形勢大好，世界充滿和平，經濟一片繁榮，行情也不上漲。因為如果沒有剩餘的錢，就沒有人買股票。我們可以說，貨幣是股票市場的萬靈丹。」

然而，貨幣寬鬆政策對經濟、股市有下列影響：

## 低利率

疫情爆發前，銀行年利率約 2.1％，如今降到 0.25％，甚至有人在討論美國是否將進入「零利率」或「負利率」的時代。雖然實施「貨幣寬鬆政策」，熱錢除了在國內流動，也會向外尋找獲利機會，由於銀行的利息沒有誘因，人民不會把錢放在銀行，會把錢投資比銀行定存利息更高的標的。

另外，銀行利息低，人民可以跟銀行借錢投資股市、買房，所以對股市、房市投資與國家經濟有如下黃金雨般的效果。

雖然股匯雙漲，許多人在股市獲利賺錢，但對出口製造業者反而是利空。

# 通貨膨漲

　　央行量化寬鬆大印鈔後，會導致通貨膨脹，2021 年 4 月，美國通膨年增率達 2%，創歷史新高，代表房子、車子、原物料都貴了 2%。

　　民生用品越來越貴，人民的生活會苦不堪言，當人民沒錢負擔生活基本需求，也就沒錢投資股市了，進而導致股市就像一個大泡泡，當貨幣寬鬆政策結束時，隨時可能戳破股市泡泡，造成股市崩跌的壓力。

　　我認為，面對因為通膨而造成股市泡沫化的方法，那就是波段操作，除了可以避免被套牢，還可以將獲利入袋為安，只要抓到股票漲跌的週期，買在低點、賣在高點，就能從中賺價差。

# 16 為什麼我選電子業操作波段？

由於我一出社會，就進到電子業工作，擁有 20 年的資歷，大到產業供應鏈、小到電子零件，無論上中下游產業鏈，我再熟悉不過，也對電子產品應用、成本、市場、生態、產業鏈、銷售季節性的景氣循環有相當的了解，所以我投資股票以電子業為主。

除了我對電子業的了解，我會選擇電子業的股票還有幾個原因：

1. 台灣出口總值占 GDP 比重高達 65％，其中電子零組件貨品占比約 60％。

2. 從我過去的經驗觀察到，台股在電子相關產業的資金約占 60％～ 80％。

3. 電子業是台灣最具優勢與有競爭力的產業，在全球名列前茅。

4. 電子產業消息面多，跟其他產業相較之下更為透明，因此容易做分析判斷。

5. 台灣電子業與美股道瓊指數連動性高，從美股可以看出台股電子業的連動密碼，選產業與股票更精準，有很好的參考價值，例如：美國記憶體大廠美光的 DRAM、Nand Flash 產業前景看好，可投資台股記憶體大廠群聯（8299）、華邦電（2344）、南亞科（2408）。

台灣是以電子業硬體為主的國家，台股以電子業電子生態鏈為主。台灣科技硬體，世界第一強，無庸置疑。台灣股市 60％的投資在電子業。

波段操作建議挑選上下起伏價差大，才有獲利空間，而台灣產業，也是以電子產業上下波段大。但上下波段大，也代表風險較大。如何避免投資風險，將是波段操作最重要學習課題之一。把股票當戀人，花時間觀察，好好照顧，關注每天發生的新聞。

不過，我在本書分享的波段投資法，可以運用在其他

產業，投資時，最好選擇你最熟悉的產業開始，才能降低投資風險。

**我適合波段投資法嗎？**

　　在網路銀行或投信基金網站，都有提供投資屬性風險評估測驗，在投資前，會建議投資人先完成這份評估測驗，知道自己的風險承受度後，就能了解自己是屬於哪一種類型的投資人，通常會簡單分成：保守型、穩定型、積極型。

　　我做了各種風險評估測驗，自己也設計了一份簡單的風險評估測驗，可以讓你了解自己的個性、投資風格與風險承受程度，但測驗出來的結果當作參考就好，還是要根據自己真實的狀況，挑選適合的投資工具。

1. 有三家公司同時通知你面試通過，薪資都是 5.8 萬元，你會選擇哪一個工作？

   a. 餐飲業店長（沒升遷機會，只有一個職缺，但是你有興趣）

   b. 業務副理（有升遷機會與業績壓力）

   c. 軟體工程師（雖然工作時間長，但很穩定）

2. 你會如何運用努力工作 1 年存到的 20 萬元？

   a. 跟同事到美國自助旅行，累積人生體驗

   b. 拿來投資，累積經驗，希望賺更多錢

   c. 存在銀行裡，生利息

3. 如果首次投資虧損，賠掉 80％的本金，你會怎麼做？

   a. 想辦法努力賺錢或跟銀行借錢，繼續投資

   b. 先審視自己為什麼投資失敗，找到方法後，先小額投資

   c. 賠錢太痛苦了，以後再也不敢投資了

4. 老闆突然跟你說明天客人要來，要你加班準備報告，你會如何應對？

 a. 感覺沒問題，等客人到場再隨機應變就好

 b. 晚上加班準備好，隔天準時到場

 c. 提早 30 分鐘到場，檢查一切是否就定位

5. 跟朋友約吃晚餐，你開頭會聊什麼話題？

 a. 自己最近發生什麼有趣的事情

 b. 問對方最近心情好不好

 c. 聊最近新聞發生的事

6. 老闆同時給你三項任務要你明天完成，你會如何處理？

 a. 三個任務同時做，先提早完成交給老闆

 b. 三個任務同時做、同時執行，但會預留時間檢查，加班在期限前完成

 c. 先判斷事情分順序，一次專注做一件事，以免出錯

**7. 老闆要你開車帶客人去日月潭玩，但你剛考到駕照，還不太會開車，你會怎麼做？**

　　a. 直接帶客人去日月潭玩，船到橋頭自然直

　　b. 先借公司車練習開，然後再載客人去日月潭玩

　　c. 跟老闆直接說，自己開車技術不好，請別人載

**8. 當團隊成員當面指責你的做法不對時，你會怎麼處理？**

　　a. 聯合別人，證明自己是對的

　　b. 提出自己如此做的原因與證明正確性，私下與對方溝通

　　c. 順從對方的想法，圓滿收場就好

**9. 你做錯事會自我反省嗎？**

　　a. 別人沒發現就算了

　　b. 會反省自己到底錯在哪裡，寫下來改進

　　c. 反省後，會痛苦的自責為什麼自己又犯錯

**10.** 當老闆要你去嘗試你沒有做過的任務，你會如何處理？

　　a. 靠自己過去的經驗摸索，先做了再說

　　b. 先 Google 找尋相關資料或問長輩，找尋解決的方法

　　c. 跟老闆說，自己沒有做過，請派別人處理

**11.** 你第一份工作的薪水，你會如何處理：

　　a. 投資股票、基金

　　b. 買儲蓄險或債券

　　c. 銀行定存起來

請計算你的答案裡，哪個比較多：

　　a. _____

　　b. _____

　　c. _____

## 分析結果

### a. 比較多的人屬於積極型的投資人

天生具有冒險性格特質，能夠承受較高的風險，適合短線波段操作、當沖、期貨⋯⋯適合當專職的投資人。

### b. 比較多的人屬於穩定型的投資人

投資前會花時間研究學習投資知識，喜歡以中長期投資為目標，希望投資與事業雙贏，適合中長期波段操作。

### c. 比較多的人屬於保守型的投資人

以踏實努力的工作收入來累積財富，比較無法承擔高風險的投資，適合將錢存在銀行、儲蓄險、債券、0050、0056 等存股方法。

我自己做完題目是屬於穩定型的投資人。我有請學生做，他們也都覺得很準。大部分的人都屬於 B 或 C。你可以試著做看看，了解自己的投資屬性，選擇適合自己的投資方式。

# 18 不是所有股票都適合操作波段

現在是全民瘋股票的時代，常常聽到大家談論投資股票的話題。

幾年前，我有一位朋友，本來要買雙 B 的高級轎車，但是遇到股災，他把原本下訂好的車退掉了，改買價格比較便宜的豐田（Toyota）。不少人會因為股市一點波動，就開始焦慮，無法承受跌幅的壓力，導致睡不著覺，影響每天生活的作息，其實投資股票需要處理自己的情緒，更重要的是，要先辨識股票的類型，有些股票暫時性的漲跌根本不需要太過緊張，反而是進場的好時機。

我把股票分成三種類型：老婆、戀人、路邊野花。這些股票如水能載舟，也能覆舟，有些適合存股、有些適合做波段，不要把只適合存股的股票拿來操作波段，或是適合操作波段的股票拿來存股。

## 老婆型股票：穩定配息，適合存股

　　這是一輩子相知相守的股票，例如：金融股、0050、
0056……這些股票很適合追求穩定配息的存股族，每年固
定配股配息 3％～ 7％。這類股票就像婚姻，細水長流。
如果你是保守型的投資人，在你的投資組合中，這類股票
比例可以提高，風險低且比銀行定存高幾倍。長期投資 10
年、20 年，加上每年的複利，資產成長也是一筆可觀的數
字。如果遇到股災，造成股價大跌，可以趁機撿便宜，持
續買進。

## 戀人型股票：熱門題材，適合波段操作

　　觀看財經新聞或閱讀財經雜誌，可以發現正在流行
的熱門題材，也會有許多相關產業股票的討論。如果想買
進這些股票，要像挑選熱戀對象一樣，先從他們的條件開
始，也就是分析基本面，例如：財報、損益表、月營收
……，再判斷技術指標，例如：KD 線是否過熱、MACD

是否處於起漲點（見第 3 章）。

若原本熟悉熱門產業的股票，在操作上會更有把握，而這類熱門股通常會隨著議題輪動，所以要像照顧戀人般，每天關心對方。舉例來說，2020 年是 5G 技術開始普及化的一年，這時可以挑選與 5G 相關的話題龍頭產業，像是半導體、IC 設計、電子零件、伺服器、天線、散熱族群、網通……。

如果原本對熱門產業不熟悉，看到新聞媒體推薦才關注到，一定要先看基本面的條件，這樣勝算才會提高，否則很容易就變成股市韭菜。若產業退流行或股票基本面變差了，要趕快再換一個高富帥或白富美的戀人。不過，戀人型的好股票，不會只漲一次，所以可以來回操作。

## 路邊野花型股票：聽信明牌，大多傷荷包

如果聽到某人跟你報明牌，說哪一支股票會變成飆股，這時候就要小心，買了反而被套牢，傷了你的荷包。

通常散戶聽到消息時，其實主力早已先布局買進。經過媒體名嘴的話術，推波助瀾，隔天果然大漲，如果散戶才進場，就會變成主力等著收割的韭菜，股價就會大跌。

仔細研究，就會看到很多飆股基本面不佳，雖然漲勢洶湧，但不知為何而漲。我稱這類股票為路邊野花，因此不了解為何而漲，不要輕易採。不過，有時候還是會敵不過飆股的魅力，如果還是蠢蠢欲動忍不住要採，必須了解這些飆股的特性，不斷盯盤，對技術線型要瞭若指掌，跟著主力進出，同時會承擔很高的風險和壓力。

無論如何，首先要注意的是，你投資的股票是屬於哪一種類型，再決定要用哪一種方法操作，更要了解該產業的基本面與未來的潛力發展。

第 3 章

# 波段投資法的
# 獲利三步驟

# 19 20 年磨一劍，跨進富人門檻

在我人生的關鍵階段，讓我有想改變自己、完成夢想的動機，最主要的核心是「脫貧」，本書第 1 章完整敘述了我的個人故事，說明我如何展開學習投資的旅程。

1998 年，第一次投資 30 萬元買基金。2000 年贖回時，只剩下 14 萬元。2000 年，第一次買股票，結果買到了地雷股。當時對我來說，一定很厲害才會成為理專，所以我就聽信理專和財經新聞的推薦，反而讓我第一次投資繳了不少學費。

投資失利的痛苦歷程，讓我再也不要相信任何人報的明牌，深刻體會到，投資理財只有靠自己學，才有辦法真正累積財富。於是，我決定要認真學習投資後，第一件事就是多看財經雜誌和書籍，只要有空檔，我會到超商翻閱每本財經雜誌，不懂的就上網找資料，從中學習財務知識。

漸漸地，我懂得看新聞挑選基金，比較各國基金的績效，當哪些國家的石油、礦產、能源、黃金等原物料看漲時，我就買進。我從基金開始練習投資基本功，讓我對世界總體經濟有更深的了解，也養成了我每次買股票前，會先確定現在全球經濟如何，比如最近各國疫情趨緩，逐漸解封，石油價格破 70 美元新高，往 80 美元漲，我會仔細觀察會不會出現嚴重的通貨膨脹。

2017 年以前的我，只要每個月安穩地繳房貸，沒想到 2016 年底我創業失敗，傷心欲絕，背負更龐大的經濟壓力，讓我思考如何利用投資錢滾錢，全心全意的在投資股票上下功夫，領悟出「天龍八步投資心法」。沒想到，投資 2 年後，我竟然有能力把 1,800 萬元的房貸還掉，解開身上層層的枷鎖。

過去 10 年，我不斷認真研究投資，是在為自己打下基礎，原來投資可以讓我們的夢想無限延伸。我樂意分享我的方法給那些正在投資路上的朋友，希望他們也跟我一樣投資獲利，成就自己的夢想，活出自己，讓人生更精采。

因此，2018 年底，我開始寫部落格分享投資心得和「天龍八步投資心法」。我以巴菲特價值投資法的概念加上波段操作。過去 10 年邊工作、邊小額投資股市，很少虧損。於是，我將過去的投資方法，彙整成天龍八步，於 2017 年～ 2018 年，驗證此心法，5 倍獲利。

1. 從石油價格與美元指數，判斷總體經濟的好壞，是否為投入股市的好時機。

2. 從熱門財經消息，挑出潛力產業。

3. 如何從基本面財報，挑出高富帥公司。

4. 如何從本益比設定合理股價區間。

5. 從技術線型切入買點賣點。

6. 經驗與次數操作，是提高獲勝機率的方法，進而設定自己投資的 SOP。

7. 記得勿貪，根據我的多年經驗，KD 值大於 80，遇到漲停就賣出的勝率最大。

8. 好股票不會只有漲一次，股票回檔，KD 值小於 30
   ～ 40 再買進。


## 陳詩慧的天龍八步投資心法

第 1 步　研究全球總體經濟

第 2 步　分析台股產業基本面、看財經新聞選熱門產業龍頭前
　　　　兩大

第 3 步　看近 5 年股價變化現行圖的最高與最低點

第 4 步　看損益表、月營收挑出高富帥

第 5 步　看外資是否悄悄買進

第 6 步　看 KD 值，高於 80 過熱，低於 30 ～ 40 之間買進

第 7 步　看 MACD 是否快起漲

第 8 步　股市跌買、股市漲賣，切記勿貪


2020 年，我投資虧損，讓我重新審視「天龍八步投
資心法」，2021 年，我把原本的投資法精簡成「波段三步
驟」，經過不到半年的時間，讓我獲利再次翻倍。

1. **總經**：從油價與美元指數，確定現在是不是對的投
   資時機

2. **缺貨**：找出缺貨的財經新聞，再根據新聞上列出受
   惠的公司觀察財報與基本面。挑出最好的公司來投
   資，從本益比挑出合理股價

3. **技術線型看買賣點**：KD+MACD 找出起漲點＋看
   成交量找出大波段，抱住股票

波段 123 選股操作心法，經過三步驟選股後，將開始
提高選股的精準度，並享受波段獲利的甜蜜點。

很多朋友問我，股票投資，是一件很投機的事嗎？

若投資股票是一種賭博，那為什麼政府要護盤？為什
麼很多老闆、有錢人休閒吃飯聊天時，都在談論股票？就
連我在星巴克寫部落格時，會發現周圍的人喝咖啡聊的話
題大部分都是股票。

投資股票獲利，是很多人希望能擁有的能力，與貧
賤富貴無關。然而，我只是一般的市井小民，沒有內線消
息，如何從股票獲利，跨越富人門檻？其實，靠股票賺錢
的祕訣，沒有你想的那麼難，重點在用心學習，觀察與執

圖表 3-1　波段投資法的三步驟

**1. 總經：從油價美元指數，判斷投資時機**

- 美元指數高低代表人民是否願意拿錢出來投資股市
- 油價高低代表市場消費者物價指數，民生需求強弱

**2. 財經新聞：缺貨題材分析受惠廠商財報**

- 從缺貨漲價題材找出受惠廠商
- 從本益比、ROE、損益表、三大法人是否有買進，找出高富帥

**3. 技術線型：看波段買賣點**

- MA+VOL 均線與成交量判斷波段漲跌幅
- KD > 80~90 過熱賣出
- KD < 30~40 買進
- MACD 起綠翻紅漲點

行紀律，還有很重要一點，那就是投資心態。

投資心態跟每個人與生俱來的性格有關，有人先天樂觀，有人先天悲觀。但樂觀或悲觀都沒有對錯，重點在於，面對問題，我們如何面對，如何解決，用什麼心態來解決遇到的問題，這會表現在我們個人的投資風格上。我們順著自己的天生性格加上好的方法進行投資，會找到一條適合自己的路。

首先，先沉澱自我，說出自己想要變有錢的三個夢想，真的變有錢後就去實現。2017 年 1 月 1 日，我說出自己的三個夢想，2 年後，都實現了。

第一個夢想：還房貸

第二個夢想：帶全家去澳洲自助旅行，坐熱氣球飛越　　　　　　　　山谷

第三個夢想：再度創業，打造幸福企業

我相信，很多人都跟我一樣，想還清房貸或完成夢想，那就大聲說出吧！

#  第一步：看新聞，觀察總體經濟

這是許多人投資會忽略的一點，就是觀察總體經濟，也就是先看大環境好不好，判斷現在是否為投資股市的好時機。

為什麼學會看總體經濟很重要？因為在大環境好的時候投資，民眾對經濟保持樂觀態度，買什麼股票都賺錢；反之，在大環境不好的時候進入股市，因為投資者對經濟悲觀，因而導致股票被恐慌性的拋售，再好的股票也漲不起來。

財經新聞裡，經常可以看到總體經濟的指標，我會解釋十種常見的總體經濟指標，其背後代表的意義是什麼。如此一來，你對全球的經濟狀況更能有明確的掌握，做出正確的判斷。

最後，我會抓出最重要的兩個指標 —— 美元指數與石

油價格，再將這兩個指標與股市的連動關係說明。

## 十種常見的總體經濟指標

### 匯率：看出外資的投資意願

根據國際貨幣基金組織（International Monetary Fund, IMF）會計記帳的單位，有五大主要貨幣：美元、歐元、英鎊、日元、人民幣，目前美元是全球最主要的貨幣，其他的貨幣都是基於美元進行換匯交易。

當美元貶值時，新台幣則會升值，將導致出口製造商的產品價格賣給國外時，變得相對便宜，使利潤變少。此時，出口製造商也會在財務上操作匯率避險。

通常新台幣升值，代表台灣的經濟目前處於樂觀的狀態，也表示外資願意投資台灣，不斷匯錢進來，也會讓股市行情看漲。

## 利率：影響投資人的投資意願

　　講到利率，必須要提到美國聯準會（Federal Reserve System, Fed），這是美國的中央銀行體系，當初創立是為了避免金融業重蹈覆徹，主要的三大任務有：擴大就業、穩定物價、調控長期利率。

　　由於美國的景氣好壞，對全球經濟具有深遠的影響，因此聯準會的貨幣政策，受到全世界金融市場的關注。每天看財經新聞，我會特別關注聯準會發布的消息。

　　當美國聯準會宣布要升息或降息，將影響股市的漲跌。如果美國通膨嚴重，會迫使聯準會採取升息的策略，抑制通膨率，此時，股市就會因為限縮 QE 政策，導致下跌。升息，也代表銀行利息變高了，民眾把錢放在銀行孳生的利息變多了，因此會減少投資股市。

　　反之，若降息，銀行利率越低，民眾把錢存到銀行的意願也會跟著降低，因為原本錢放在銀行就會產生被動收入的利息，如果銀行利息變低，民眾傾向把錢從銀行領出，做別的投資，例如：股票、債券、房地產……因為獲

利可能會比銀行利息高。

## 10 年期美國公債殖利率

另外，我也會關注 10 年期美國公債殖利率。若美國公債殖利率保持在較低的水準，表示聯準會鼓勵公司企業與個人借貸投資，因此會推動經濟發展，股市也將跟著上漲；反之，若美國公債殖利率高，代表人民投資意願不高，經濟狀況將往下與股市下跌。

2020 年，因為新冠肺炎疫情爆發，導致經濟恐慌，使得股市崩盤，台股從一萬兩千多點跌到八千五百多點，美股更以雪崩是下跌從三萬三千多點腰斬到一萬六千多點。那時，美國公債殖利率漲到 2.6％～ 2.8％。

後來，美國開始實施量化寬鬆貨幣策略，才讓全球經濟慢慢穩定下來。隨著疫苗順利產出，民眾陸續接種疫苗，疫情逐漸趨緩，美國公債殖利率約 1.5％，因此追蹤美國公債殖利率也是評估總體經濟一個很好的指標。

# GDP：判斷國家經濟好不好

國內生產毛額（Gross domestic product, GDP）是指一個國家在一段時間的經濟活動所產生出來的市場價值，可當作衡量國家經濟水準發展的核心指標。比如，最近預估 2021 年台灣 GDP 會成長 5.46％，成長幅度是世界第一，代表今年台灣經濟樂觀。若通膨在可控制的範圍內，股市表現應該不差。

所以未來，若想知道每年台灣的經濟好不好，可以從 GDP 有無成長來判斷。

# CPI：衡量通膨的重要指標

消費者物價指數（Consumer Price Index, CPI）是市場經濟活動與政府貨幣政策的重要參考指標，也是衡量通貨膨脹的主要指標之一。

當 CPI 穩定，表示充分就業、失業率低，還有 GDP 成長，是重要的社會經濟目標。

但如果 CPI 升幅過大，表示通膨成為經濟不穩定的因素，會有緊縮貨幣政策和財政政策的風險，從而造成經濟前景不明朗。一般 CPI 成長超過 3％，就會認定為通貨膨脹，超過 5％就是比較嚴重的通貨膨脹。

比如，美國 2021 年 4 月 CPI 漲幅為 4.2％，超過通膨 3％的認定標準，2021 年 6 月 18 日美國聯準會釋出可能提前升息的訊息，使得當天道瓊指數重挫 533.32 點。

所以，當外界猜測美國聯準會有可能宣布升息，抑制通貨膨漲，將導致民眾減少投資，把錢放在銀行裡生利息，讓股市熱錢變少，下跌的可能性增加。

2021 年 4 月，台灣 CPI 漲幅為 2.1％，仍在通膨 3％的標準之內，整體的經濟條件將相對比美國穩定，股市表現有可能較佳。

## 失業率：評估內需經濟的標準

失業率是指失業人口占勞動人口的比率，也是經濟狀況的象徵。

2020 年，新冠肺炎疫情導致美國失業率嚴重，高達 14.7％。然而，從 2020 年底開始，美國因為陸續施打疫苗，疫情趨緩，每天確診人數從原本幾十萬人，到了 2021 年 6 月，降到五千多人，失業率也立刻降到 5.6％，比原本預期的好。這代表美國有更多人口就業，經濟將開始逐漸復甦，紡織、觀光、旅遊、餐飲業等產業，會有強勁的內需。

## 出口統計：看出產業的興衰

台灣是以出口為主的國家，占 GDP 的 65％，代表台灣內需只占 35％，所以出口是台灣經濟成長的命脈。雖然 2020 年新冠肺炎疫情肆虐，導致全球經濟衰退，但台灣出口屢創 11 個月新高，表示台灣的經濟狀況沒受到太大的影響。

從出口統計可以看出台灣經濟狀況好不好，也可看出哪些產業項目是成長或衰退，可以當作投資的標的。這些資料可以到「經濟部國際貿易局經貿資訊網」（https://www.trade.gov.tw）查詢。

## 美元指數：股市漲跌的反指標

美元指數是世界上應用最廣泛、最被認可的、公開交易量最大的領先貨幣指標，也可以反映出美元升值或貶值。美元貶值，美元指數會跌；反之，美元升值，美元指數會漲。

美元指數如果漲太多，美元不斷升值，將導致整個市場恐慌，大家會開始拋售股票、債券，兌換美元保值；若美元貶值，表示大眾對投資市場比較有信心，願意拿錢出來買股、買債券與其他投資，**所以美元指數也可以當作未來股市上漲或下跌的參考指標之一**。

美元指數與股市的關聯性：美元貶值，代表股市會漲，不過還有很多因素會影響股市漲跌，除了美元指數，還是需要參考其他指數，例如通膨。

## 油價：反映全球的經濟狀況

原油是需求量最大的商品之一，原油需求取決於全球經濟狀況和市場投機。通常石油漲，代表民生需求強；石

油跌，代表民生需求弱。2020 年新冠肺炎疫情爆發時，石油跌到歷史低點，出現負油價 -37.5 美元，反映出各國封城，經濟活動停下來的結果。

2021 年初，隨著各產油國減少 20％～ 30％產量，各國開始施打疫苗，確診人數大幅降低，使得民生需求強烈。隨著各國陸續解封、飛機起飛，石油價格來到相對高點 70 美元。

國際油價若穩定，代表各產業的投資力道與信心度都增強，全球股市也將會隨之平穩。根據我多年的觀察：

- 若油價低於 50 美元，以供需法則來看，代表民生需求疲軟，意味著全球經濟下滑，但也有可能是產油國產油過剩，股市可能下跌。

- 石油價格平穩，大約維持於 50 ～ 70 美元，表示經濟穩定，股市也會比較穩定。

- 若油價高於 70 美元，表示可能有通膨危機。因為石油變貴，會導致民生用品都變貴，極有可能產生

通膨危機。

## 黃金價格：避險的好工具

當全球經濟恐慌時，黃金是很好的避險資產，因此當股市大跌，表示人民對經濟悲觀而拋售股票，將資金投入黃金做避險，使得黃金大漲，所以黃金漲跌幅是觀察總體經濟的好指標。

當 2020 年新冠肺炎疫情嚴重，股市大跌時，黃金價格來到歷史高點，漲破 2,000 美元，一度漲到 2,072 美元。當股市開始回穩上漲時，黃金也會隨之下跌。

# 美元指數與股市、油價、黃金的關係

從前文介紹的這九種指標來看，可以將美元指數加上石油做為主要判斷指標，以黃金當作恐慌指標。我觀察到美元指數、油價、黃金的關係鏈如下：

**美元指數下跌 → 油價上漲 → 黃金下跌 → 股市上漲**

**美元指數上漲 → 油價下跌 → 黃金上漲 → 股市下跌**

美元指數下跌，代表美元貶值，人民不願意將錢存在銀行裡，因為利息太低了，因此會把錢拿去做投資，也使得股市投資熱絡，投資人獲利，有更強烈的民生需求買房、買車，活絡餐飲、旅遊、觀光、紡織等產業，讓民生需求增加。

塑化、鋼鐵等傳統產業也會興旺，這些產業都需要靠石油提煉，成為民生需求不同的應用面，因此會讓石油持續上漲。當民生需求強，也代表經濟成長，股市就會漲。

而黃金是避險商品，當經濟危機來臨時，人民會買黃金保值，使得黃金價格上漲。

你會發現，其實總經沒有那麼難。打開總體經濟的任督二脈後，對投資的信心度將會提高。

## 從新聞找出供不應求的題材，挑選受惠公司

市場某項產品供不應求時，表示供應不能滿足需求，將導致該產品的價格飆漲，也會反映在股價上。

2020 年 7 月，我觀察到比特幣開始上漲的趨勢，由於「挖礦」是獲取比特幣的勘探方式，為了更快速獲得比特幣的獲利，「礦工們」會大量採購效能高的顯卡，增加挖礦的效率，因此市場上出現顯卡缺貨的現象，使得顯卡的價格翻漲了 3 倍。

另外，新冠肺炎疫情的升溫，許多公司和學校開始實施遠距辦公與遠距教學，讓伺服器、電腦等相關設備需求大增，紛紛缺貨。

看到這類的新聞，我會開始搜尋從中受惠的廠商，列入我的口袋名單，並長期觀察，接著進入波段投資的第二步，利用價值投資的方式挑出適合買進的股票。

**第二步：用價值投資挑選好股票**

　　關注財經新聞和總體經濟的第一步後，可以尋找美國股市的熱門產業，從熱門產業中挑選出前兩大的龍頭股，再找出台灣相對應的產業與公司，挑選產業前三名的公司，並研究財報，挑出未來最有發展潛力的股票買進。

　　如果想了解哪些產業的大環境好不好，可以從美股開始觀察，因為美股、日股、陸股與台股之間是有連動的，例如：由於物聯網的發展，讓消費性電子產品應用的動態隨機存取記憶體（DRAM）、NAND 快閃記憶體需求大增，因此美國記憶體晶片大廠美光科技（Micron）等產業前景看好，相對應的台股記憶體大廠群聯（8299）、華邦電（2344）、南亞科（2408），會是不錯的投資標的。

　　**了解產業趨勢、選龍頭股，勝於看技術線型選股，由於選股需花時間仔細觀察，所以一次只投資 1 ～ 3 檔股票。**

　　操作短線的投資人主要是看技術線圖的訊號買賣股票，通常以跌破 5 日均線、10 日均線停損賣出，很容易就殺進殺出，賺少賠多。但如果懂得看基本面，在遇到股價跌破相對低點時，也許你就不會賣出。

　　從基本面的分析與判斷，可以看出一支股票是否為好公司、財報是否有獲利，因此不會因為股價暫時的跌幅而賣出，而是會持續持有，所以了解股票基本面，等於是預知股票未來走勢，就有了繼續持有股票的勇氣，耐心等待就可以為自己加薪。

　　我有幾次買進股票的第二天，股票就下跌的經驗。一開始，我會擔心自己被套牢，後來我試著做以下的步驟，理性分析，是否持續持股：

**1. 先搜尋股票所有的財經消息，是否有利空消息**

**2. 看財報的月營收，獲利是否衰退**

**3. 看產品價格在市面是否有漲價趨勢**

**4. 看三大法人是否持續買進**

　　若前述幾點，有三項是確定的，那我就會持續持有。若股票繼續下跌，也許是三大法人先賣，造成散戶的恐慌，大量拋售手上持股。三大法人會等待股價來到低點再買進，這時我也會跟著法人在低點時買進。

　　比如，2021 年第一季，財經新聞報導記憶體價格漲了20％，預估第二季會有供不應求的狀況，所以價格將會持續上漲 10％～ 20％，第三季應該也會持續漲價。因此，美國記憶體公司美光股價上漲了 30％，從 62 美元漲到 84美元，超越 ADM 的股價 80 美元。

　　2021 年初，美光股價比 AMD 便宜 20 ～ 30 美元，現在竟然比 AMD 股價高。由此推估，台灣相關的記憶體產業南亞科（2408）、華邦電（2344）、旺宏（2337）等企業，應該錢景看好，可以觀察買進。

　　不過，由於 2021 年 5 月疫情嚴峻，有電子業廠商移工群聚，造成多人感染新冠肺炎，導致相關上游廠商聯發科（2454）、華邦電（2344）、旺宏（2337）等公司受到衝擊，而造成股價下跌。此時，操作短線技術線型的投資

人，會因為跌破 5 日、10 日或 20 日均線而停損賣出。

但如果了解基本面的投資人，會知道這些公司的未來會因為產品供不應求，讓產品價格上漲，使得營收增加，因此有信心投資會有獲利，選擇繼續持股，不會因為暫時的股價波動而感到惶恐。我反而會在股價下跌時，如看到落難王子般，加碼買進。

所以千萬不要因為股票下跌就恐慌賣出，不然可能將好股票讓給三大法人了，所以學習判斷股票的基本面，是波段三步驟最重要的。

很多人覺得看財報好難，其實只要看幾種關鍵數字就好。就跟你買房子一樣，會想知道屋主的賣價會不會太貴，而去查詢實價登錄。

從財報上選到對的股票，就算遇到經濟危機時，股價大跌，好股票總能再漲回來，而且可能翻倍。經濟危機來臨時，也是尋找好股票的最佳時機：

巴菲特說：「只有退潮的時候，你才知道誰在裸

泳。」也就是說，當股市大漲時，每檔股票都在漲，每檔
看起來都是好股票。但當經濟不景氣時，股價大跌，還能
在下跌的波浪裡游泳撐下去的股票，才是真正能經得起考
驗的績優好公司。

由此可知，操作股票也是如此。股市行情大好時，人
人獲利賺錢。當行情走空，能繼續維持高績效的投資人，
通常都有著過人的操作技巧與心法，這是可以從投資或日
常生活中的心態上修練。

我有一位朋友，2014 年買進 10 張聯發科（2454），
當時的股價是 435 元，結果沒多久跌到 200 元，但他沒賣
出，因為覺得聯發科是好股票。2021 年，聯發科的股價將
近千元，再加上 6 年來的配股、配息，他獲利相當可觀。

這就是巴菲特的價值投資法，巴菲特選股是專注在
企業的「價值」，股票的「價格」只是輔助，可以趁股價
低時，逢低買進有價值的公司。抱到好股票，就算股市大
跌，股票賠，也只是暫時性的，績優的股票，在經濟大好
時，會加倍的幫你賺回來。所以股市大跌時，若手邊有現

金，趁便宜，買進績優股就對了。

巴菲特的雪球紀律是，「人生就像滾雪球，你只要找到溼雪和很長的坡道，雪球就會越滾越大。」也就是，先找到好公司、低價出手並且長期投資，就不必擔心市場整體下跌帶來的風險。

接下來，我會說明財報裡常見的幾個關鍵數字，選股時，一定要把這些財報指標當作是選伴侶的必備條件，精挑細選後，就不要輕易放棄，不需要因為外在環境暫時的紛擾而放棄，除非這張股票突然有影響財務的相關危機，讓公司陷入虧損且不可逆的命運，才考慮是否要賣出。

## 三種常見財報名詞，基本面的重要指標

有三個財報名詞常見於財經新聞和報章雜誌，是我當作判斷基本面的重要指標：

## EPS：判斷公司的獲利能力

每股盈餘（Earnings Per Share, EPS）是用來判斷公司的獲利能力，代表每一股可以賺多少錢，快速了解規模不同的公司，幫股東賺錢能力的差異。

從 2019 年的 5G 議題不斷出現在財經新聞上，2020年台灣正式邁向 5G 行動網路時代，因此 5G 是熱門的題材，而台灣 5G 相關廠商會有利多的趨勢，我就觀察到手機晶片大廠聯發科（2454），2020 年一整年的 EPS 是26.01 元，2021 年第一季的 EPS 是 16.21 元，代表聯發科第一季的獲利已經占去年的 60％。

這是因為聯發科的 5G 技術領先，加上美中貿易戰的因素，使得出貨量大增，營收成長，股價發展潛力強。這類的績優股，可以列為投資口袋名單。

## 本益比：衡量一間公司的價值

本益比（Price-Earnings Ratio, PE Ratio）是衡量一間公司價值的方法，也就是投入成本和每年收益的比例，要賺

未來每年 1 元的收益，需投入幾倍成本。計算公式如下：

股價 ÷ EPS = 本益比

台灣公司的本益比平均約 16，會依照產業而不同，
比如電子業、IC 設計、半導體產業本益比約 12 ～ 30，而
傳統產業本益比約 8 ～ 15，我會用這樣的方式算出一檔股
票的合理股價，我也會比較去年與今年的 EPS：

合理股價＝ EPS × 本益比

以聯發科（2454）為例，我會畫一張表（見下頁圖表
3-2），把聯發科的合理股價從高至低列出來。當股價因為
暫時的負面事件而導致大跌時，我會考慮買進。接著，我
觀察該公司的獲利與月營收是否持續看好，決定持股時間。

圖表 3-2 聯發科（2454）的合理股價

| 本益比 | 聯發科 2020 年 EPS | 合理股價 | 聯發科 2021 年 EPS（外資預估） | 合理股價 |
|---|---|---|---|---|
| 10 | | 260 元 | | 497 元 |
| 15 | | 390 元 | | 745 元 |
| 20 | 26 | 520 元 | 49.7 | 994 元 |
| 25 | | 650 元 | | 1242 元 |
| 30 | | 780 元 | | 1491 元 |

# 月營收：看出公司成長或衰退

可以判斷公司每個月營收是否有成長、公司新產品是否有競爭力。我會比較去年同期的營收是否衰退或成長。如果今年的營收是衰退的，我會試著找出衰退的原因；如果今年的營收是成長的，我也會試著查出成長的原因，甚至會預測該題材是否能繼續成長，可以持續多久。

每個月的 10 日以前，上市櫃公司必須公布月營收的數字，所以我都會在這個時候，記錄我所關注的公司之月營收，觀察是否有成長。

　　把股票當戀人，花時間觀察，好好照顧期每天發生的新聞。每天晚上睡前與一早起床看全球財經消息，確定自己挑股的正確性對不對。若錯了，就毫不猶豫趁賠少時賣股。若對了，就放到漲停或公司好消息公布的當天或隔天賣出。

# 22 第三步：靠技術指標判斷買賣時機

如果不只是想要存股領股利就好，而是想賺取價差，那就要利用技術分析指標，判斷何時該買進，何時該賣出。

技術分析指標五花八門，包括：K 線、均線、布林通道、MA、KD、RSI、SAR……不少投資人看到這麼多指標就直接投降，但其實只要看懂三種：MA、KD、MACD，就能判斷選買賣時機，進行波段操作，以賺取更多獲利。

## MA：移動平均線

移動平均線（Moving Average, MA），簡稱均線，代表過去一段時間裡的平均成交價格，主要用來判斷趨勢，

預測現在和未來可能的走勢。如果均線的價格越來越高，
代表現階段市場趨勢，是向上的走勢。根據不同的週期，
會分成以下三類均線：

短期均線：5 日均線（週線）、10 日均線（雙週線）

中期均線：20 日均線（月線）、60 日均線（季線）

長期均線：120 日均線（半年線）、240 日均線（年線）

每一種週期的均線適用於不同的操作方法。

## 短期均線：適合炒短線與飆股

5 日均線（週線）、10 日均線（雙週線）的短期均線
對股價變動很敏感、精確度低、變化大，卻可以立刻反應
股票近期走勢的狀況，很適合炒短線的族群。

若我持有的股票屬於缺貨題材的熱門股，突然買氣上
升，變成飆股，此時我會觀察「成交量指標」（VOL）是

否有爆大量，就我的經驗，如果成交量是平常的 10 倍，即是爆大量的成交量，再加上「5 日均線」的漲跌趨勢來判斷買賣點。若股價沿著 5 日均線上漲，我就繼續持有；若跌破 5 日均線，可以考慮先賣出，入袋為安。

「量先價行」是股市投資一個很重要的觀念，是指「先有成交量，接著上漲」，也就是股價漲之前會先出現大筆成交量，然後股價就會反應跟著起漲。以我多年的經驗，漲停隔日跌的機率大，所以如果我持有的股票當天一漲停，我就會將手中持股全數賣出。

「均線」搭配「成交量指標」的方法，是適合短線與飆股的操作，在極短時間內賺取價差，但飆漲好幾天的股票機率不多，通常爆大量後，也會大量下跌，所以我以入袋為安的方式操作。

比如松翰（5471）2021 年 2 月的股價從 62 元漲到 87 元，我觀察到買進的成交量從每天 2,000 ～ 4,000 張，暴增到 2 萬～ 3 萬張，如果遇到漲停時，我不會馬上賣出，會繼續持有，因為買進的成交量大增，未來持續漲的機率

很高；反之，如果爆量下跌是賣出訊號，除非對這支股票
的未來有信心。

## 中期均線：適合中期波段

20 日均線（月線）、60 日均線（季線）的中期均線，
雖然無法即刻反映股價短期變化的趨勢，但準確度高，很
適合用於一段時期的波段操作，這是我會搭配 KD 值判斷
買賣時機最常使用的方法。

## 長期均線：適合存股族

120 日均線（半年線）、240 日均線（年線）適合長
期投資人、存股族參考，因為年線準確度最高，不容易被
人為主力操控，如果半年線有持續向上的趨勢，就不需要
賣出，可以繼續持有，每年領股利股息，還有股價持續上
漲的未實現獲利。

# KD 值：決定進出場的時機

KD 值又稱為「隨機指標」（Stochastic Oscillator），能呈現股價在一段時間內，高低區間的波動範圍，數值介於 0 ～ 100，由 K 值（快速平均值）和 D 值（慢速平均值）兩個數值組成，描繪出兩條線的指標，K 值反應較靈敏，D 值反應較不靈敏。

這是許多投資人最常關注的指標，用來決定進出場的時機。當 KD 值越高，代表個股的收盤價接近最近幾天的最高價；反之，KD 值越低，代表個股的收盤價接近最近幾天的最低價。

若看到自己的口袋名單股票，因為某消息下跌至 KD 20 ～ 50 附近，且 K>D 時，我會考慮買進。

當 KD 指標的 K 值由下往上突破 D 值，呈現「KD 黃金交叉」，建議買進、做多。KD 值大於 80 表示過熱，通常從新聞看到利多的好消息時，KD 值已經快接近 80，有可能股價很快就會下跌，建議 KD 值大於 80 ～ 95 可以賣

出，等到 KD 跌到 20 ～ 50 時再買進，也建議每一個波段
獲利約 10%～ 30%就賣出。

圖表 3-3　KD 值指標的買賣訊號

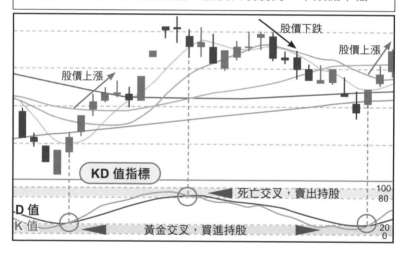

找到熱門題材後，挑出該產業前三名龍頭股，評估是
否有供不應求的缺貨狀況，再搭配成交量指標數、均線和
KD 值判斷買賣時機，當 KD 值大於 80，股價有可能繼續

往上漲，也可能會往下跌。我決定何時賣出手上的股票的標準是，如果股價沒有跌破 5 日均線，我就不會賣出，一旦股價跌破 5 日均線，我就會賣出，入袋為安。

當股價跌破中長期的均線，表示股價進入長期盤整的階段。此時，我會檢視好股票的口袋名單，若股價跌破短中期均線，但財經新聞有利多的相關報導，而且財報基本面佳，我就會開始慢慢布局買進。

## MACD：止跌回升的訊號

MACD 指標（Moving Average Convergence & Divergence, MACD），稱為平滑異同移動平均線指標，這個指標可以判斷股價走勢，確定波段是否止跌回升。可搭配 KD 一起判斷。

MACD 翻紅是買進訊號、翻黑則是賣出訊號，會分別參考日線、週線跟月線的 MACD 訊號，例如：當日線的 MACD 翻紅，週線可能還沒跟著翻紅，可以進一步留

意日線K棒是否站上20日均線、KD值是否在20左右，
如果符合就是買進訊號。

在個股財務指標方面，觀察分析重點包括：公司損益
表，比較今年與去年同期的營運狀況，從中篩選月營收、
獲利創新高，且符合市場當紅或新話題的個股，再參考
MACD決定買進價位。

一般來說，主要以外資持股比例及月營收變化當作
買進依據，但如果技術指標同時出現進場訊號，更為篤
定，「我會比對MACD起漲點，再參考MA均線跟KD
值」。

我會利用KD值搭配MACD來判斷買賣點，當KD
值介於30～50、MACD由負要轉正時，表示股價處於起
漲點，因此我會考慮買進。

另外，我還會參考兩個指標，判斷股票的穩定性：

圖表 3-4 MACD 的買賣訊號

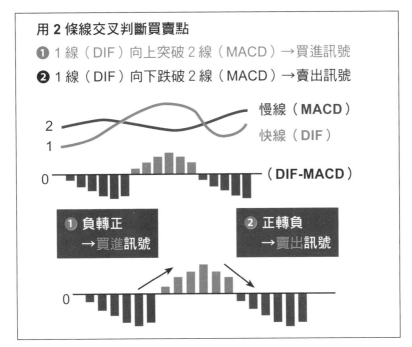

1. **融資券比**：我會挑選融資率低的股票。因為股價
   大跌，恐慌性賣壓出現時，股價會相對持穩，跌幅
   較小。

2. **大戶持股率增加**：大戶持股若增加，表示大戶對此
   股票的未來有信心，才會買進持有，因此股價漲的

機率較高。

## 跟著外資法人腳步走

有一則台灣民間故事「俠盜廖添丁劫富濟貧」，廖添丁小時候很喜歡爬樹，身手敏捷，被台灣人視為英雄，他會把盜來的部分贓物送給窮人，所以受人崇拜。因此，我把自己想像成廖添丁，如何將投資的錢從三大法人（外資、投信、自營商）中拿回來，將這些獲利給自己，經濟變好後，讓家人過更好的生活，也讓家裡的氣氛和樂融融，這股力量會慢慢往外擴散到社會。

三大法人在散戶看空市場時，會反向操作，不斷拉高小台指期，雖然我沒有投資期貨，因為風險太大了，但觀察小台指期貨可以了解散戶的行為，也是市場反指標。如果操作波段也參考這類小台指數多空比：法人買進、指數漲；法人賣出、指數跌。散戶只要跟著法人投資，勝率將會提高，避免賠錢。

現在可以在網路搜尋或登入證券公司的 APP，查詢籌碼，就會看到三大法人每天的買賣紀錄。

由於外資通常布局長線，因此我會選外資連續加碼的指標股。當外資熱錢不斷匯入台股，我會選外資持股比率剛跨越 20％且持續攀升的個股，若該比率攀升到 30％～50％，可考慮賣出。

2017 年～ 2018 年，我觀察到，外資大量買超，把錢匯進台灣，因此我跟著外資，順勢操作，讓我有不錯的獲利。然而，從 2020 年～ 2021 年，內資當道，所以我開始會參考投信、自營商的成交紀錄。**以內資來說，投信的參考價值大於自營商，因為自營商的投資是非常短線的操作。**

因此這一年來，以參考投信、外資每天買賣為主，評估外資或投信是否對某檔股票有興趣，跟著三大法人的腳步走，可以順勢獲利。

我以打高爾夫球來比喻，外資就是桿頭，時時留意桿頭的重量，打出漂亮球局：「外資正在買，股價就容易

動，這時跟著用力買，就像球局裡的第一桿一樣，遇到順風要強力開球，把握機會。」

根據波段投資法三步驟投資後，就要相信自己做的決定是對的。而且還要有耐心，但別太貪心，一心只想買在最低點、賣在最高點。

2017 年，大家都看好彩晶（6116），當時我的獲利兩百多萬元，卻想賺更多，後來風頭過了，慘賠 100 萬元。好的股票需要時間醞釀，會像烤麵包一樣慢慢膨脹，但膨脹後就會焦黃得很快，這時就得趕快賣掉。就我的經驗是，只要股票一漲停就賣，因為到了高點，接下來就是準備迎接往下跌的週期。

當股票下跌時，不要緊張，否則很容易擔心賠錢，進而影響每天生活；若發現自己的決定真的錯誤，就盡快認賠殺出。把這次失敗的經驗，牢牢刻在心裡。

學習股票投資，從零到一是最困難的，但這一步踩穩了以後，接下來會順多了。我了解這種感覺，我也曾經從零熬到一，等待黎明的到來。只要有投資成功的經驗，透

過無數次的操作，建立屬於自己的投資信仰後，熬過了，
我們眼界與分析判斷的能力就不同了。

　　如果要投入很多資金進股市中，必須要研究透澈，才
能牢牢抓住機會，對精挑萬選的股票有十足的把握，累積
更多投資的信心，進而提高自己的獲利績效。

第 **4** 章

# 操作波段投資法的
# 經驗分享

# 23 口袋名單，在精不在多

「好股票，不只漲一次。」這一點很重要，所以我在本書中再三強調，是操作波段很關鍵的核心。

由於股票不在多，在精，因此我的口袋名單不多，只有那幾支，我就像對待愛人般，了解透澈這些股票。因為每支股票都會來回操作 2 ～ 3 次，所以會很熟悉這些股票的特性與週期，所以交易時不會那麼害怕，也不會焦慮。

買賣股票時，我會透過波段投資法的 SOP，三步驟操作：依照財經新聞討論度高的熱門題材，挑選買進哪一支股票；接著，找出本益比低、獲利佳的股票；最後，看技術線型圖找出股價的相對低點買進，等到股價漲到相對高點時賣出。

我投資的股票以電子產業為主，分為幾種類型：

# DRAM、Nand Flash 記憶體族群

從 2019 年起，5G、物聯網、車聯網、AI 時代正式來臨，相關的電子設備會大量運用到 DRAM、Nand Flash 的記憶體，需求是過去 5 ～ 10 倍，因此市場會出現供不應求的狀況。

每年第三季是電子業的旺季，在旺季來臨前，有可能出現缺貨、漲價、交貨時間變長的情況，進而帶動相關概念股的漲幅。

我通常會參考美股美光的股價，相對應台股的廠商有群聯（8299）、華邦電（2344）、南亞科（2408）。當美光開始上漲，我會考慮買進相對應的台股。

這四年來在記憶體族群的操作，讓我總共獲利 693 萬元。

# IC 設計股

2019 年，5G 技術的運用開始普及化，會大量運用到晶片，因此「積體電路」（IC）的半導體產業鏈，從設計、製造到封裝的相關企業，行情都看漲，尤其是 IC 設計廠的股價漲幅更是驚人。

我會參考美股博通（Broadcom）、高通（Qualcomm）的股價，受惠全球智慧型手機市場正逐漸從疫情復甦，根據市調機構 Counterpoint 指出，聯發科（2454）首度超越高通，成為 2020 年第三季最大的智慧型手機晶片供應商，世界第一；義隆電（2458）指紋辨識 IC 晶片市占率 6 成，世界第一。

這四年來在 IC 設計股的操作，讓我總共獲利超過千萬元。

# 電競顯卡族群

電子競技（簡稱電競）是新興產業，每年在世界各地都有舉辦國際比賽，台灣選手奪下冠軍好幾次，成為世界之光，讓電競產業會運用到的伺服器、顯示卡、散熱設備受到不少人的關注。

顯卡族群，主要用美國輝達（NVIDIA）與 AMD 的晶片。隨著電競電腦每年推陳出新，玩家也會跟著升級設備，因此會帶動相關類股的漲幅。

近年來，比特幣的挖礦風潮，也讓顯卡更出現供不應求的缺貨狀況。

我會參考美股 NVIDIA 與 AMD 的股價，而相對應的台股有：微星（2377）、技嘉（2376）、曜越（3540）。

2017 年、2020 年、2021 年投資技嘉，共獲利 1,455 萬元。投資微星，2018 年獲利 328 萬；2019 年獲利 248 萬元，2021 年 5 月獲利 262 萬元，共獲利 838 萬元。2018 年投資曜越，獲利 102 萬元。

## MCU 族群

MCU 是微控制器，就像是一台微型電腦，可以讓各種產品「智慧化」，應用的層面很廣泛。

5G 時代崛起，世界會慢慢走向萬物聯網的時代，因此 MCU 的用量會增加 5 倍。例如一般燃油車平均每輛大約需要 70 顆 MCU，而 1 輛新能源汽車大約需要三百多顆 MCU。

我主要觀察的台股有盛群（6202）、松翰（5471）。這四年來在 MCU 族群的操作，總共獲利 400 萬元。

## 矽晶圓廠

近年來，半導體、記憶體、IC 設計的需求大，甚至在 2021 年出現全球晶片荒的困境，使得國際大廠爭相擴產，各國搶建晶片廠，因此半導體生產的上游原料矽晶圓需求跟著出現缺貨潮。

　　我會觀察的台股有環球晶（6488），這四年來的操作，獲利 280 萬元。

　　或許有投資人跟我的選股方向完全不同，有人會選台積電（2330）、聯電（2303）、欣興（3037）、南電（8046）、穩懋（3105）……這些股票也都是好股票，但研究一支股票要花很多時間，所以我會專注研究自己熟悉且讓我獲利的股票，每年一次波段操作，高點賣出後，再換一支熱門題材。

　　其實，每個產業都有績優股和熱門股，但要每天善用零碎時間，多看新聞，關心口袋名單的動向，可以提升穩定獲利的機率，才能離夢想越來越近。

　　接下來，我會分享這四年來的操作，每次交易都是按照我的波段投資心法操作，每支股票都有不錯的獲利。

## 24 無緣當群聯員工的太太，來當群聯股東

我會知道群聯（8299）這一家公司，是 2000 年在英國念書時。

出國念書前，我跟在環電工作的男友說：「若以後想在一起，在我回國前，就先去新竹定居找工作。新竹工作機會多，我們脫貧翻身比較快。」

我回國時，他已在竹北租房，也在鉌德（2349）工作了。那個年代，鉌德的股價兩、三百元，台積電的股價只不過七、八十元。

他跟我說，當時有兩家公司錄取他，一家是群聯，一家是鉌德。那時，他在考慮選哪家比較好。由於群聯剛成立，在交大育成中心，員工人數只有幾個人，面試官跟他年紀差不多，很年輕，希望他加入群聯。雖然他覺得群聯未來前景會很好，但他評估未來風險大，於是選擇了當時

最熱門的公司錸德。

那時，我跟他說，他很厲害，竟然可以應徵上錸德的工作。1997 年～ 2001 年，光碟是影音市場的主流媒介，當時有「光碟雙雄」之稱的中環（2323）與錸德。2000年，錸德的股價約 300 元。

然而，Spotify、iTunes 等線上串流平台崛起，人們不需要買 CD 就能聽音樂、不用租 DVD 也能在家看電影，甚至筆電不再配備光碟機，導致錸德的股價跌跌不休，股價剩不到 10 元，變成低價水餃股了，這是因為我們的生活不需要光碟片，相關的股票不再是熱門題材。

我學業完成回國後，由於無線網路開始發展，因此選擇未上市櫃的正文科技（4906）。那時，雖然公司營業額只有幾億，獲利不多，但我覺得未來有潛力。隔年，正文正式上市，隨著無線網路興起，正文的股價飆到歷史高點265 元。

而我有個在英國念書認識的女同學回國後，進到群聯工作。3 年後 2005 年群聯上市，股價一飛沖天到 650 元。

後來，我跟這位女同學聚餐時，跟她開玩笑說，若我先生當年進入群聯，我可能變成研發部門的副總夫人，也不需要那麼辛苦工作了。

## 投資群聯半年，賺進 178 萬

2016 年下半年，我創業失敗，損失 300 萬元，還有房貸 1,800 萬元。雖然賣掉舊房子手上有 400 萬現金，但負債 1,800 萬，還有每個月要繳 10 萬元房貸與生活費，生活壓力很大。

那時，第一個念頭是趕快找一份工作，剛好獵頭公司找上門，一家是歐洲認證公司的大廠，負責亞洲區主管；另一個工作是上市電子公司，需要開闢歐美物聯網的市場，但因為彼此對職位的工作內容認知有落差，歷時 2 個月的面試討論，最後都沒有談成。

2016 年年底，我決定將剩下的 400 萬元本金投入股市時，第一個想到的是群聯，因為先生的一念之間，我無

法變成群聯研發部門員工的太太，那我就當群聯的股東吧！沒想到因禍得福，我成了專職投資人。

當時，我觀察到總體經濟的指標，無論是外匯、GDP、油價等指標，都顯示全球經濟復甦，是投資的好時機（見第 1 章❿）。因此，我決定將 400 萬元投入股市，專注自己最熟悉的電子產業。

除了前文提到的真實故事，我會投資群聯最重要的原因是，這家公司的基本面很好：

1. NAND Flash 記憶體控制晶片廠進入旺季，月營收有越來越好的跡象。

2. 從 2013 年～ 2017 年的 EPS 來看，每年從 17.57 元逐步增加到 29.23 元，屬於獲利成長的績優股。2016 年第三季開始，月營收與獲利增加。EPS 從第二季 4.87 元增加到 7.61 元，成長約六成。

圖表 4-1 群聯（8299）歷年 EPS（元）

| 季別／年度 | 2013 | 2014 | 2015 | 2016 | 2017 |
|---|---|---|---|---|---|
| Q1 | 4.15 | 4.16 | 4.52 | 4.71 | 6.5 |
| Q2 | 4.52 | 4.35 | 4.63 | 4.87 | 8.07 |
| Q3 | 4.74 | 4.82 | 6 | 7.61 | 8.12 |
| Q4 | 4.16 | 4.15 | 5.26 | 7.48 | 6.54 |
| 總計 | 17.57 | 17.48 | 20.41 | 24.67 | 29.23 |

3. 本益比低，股價便宜。以 2016 年 EPS 24.67 元來
看，本益比只有 10 左右，低於台股當時本益比平
均值 15。當時，我預估群聯的股價具有 370 元的
實力。

因此，2016 年年底，我買進 10 張 242 元的群聯。但
2 週後，有新聞報導指出，在 2009 年～ 2014 年間，群聯
有假交易、做假帳的疑雲。這次事件讓群聯的股價連 2 日
跌停鎖死，股價差點跌破 200 元。如果沒有投資紀律的
人，應該會非常焦慮，帳面上已經賠了 50 萬元，擔心虧
損更多，為了止損，會急著認賠殺出。

過去的投資經驗，讓我了解到，**沒弄清楚新聞消息**

前，千萬別把手中的好股票，跟著恐慌性賣壓殺出。根據我的觀察，市場對 NAND Flash 記憶體的需求依然強勁，每天晚上看到美股美光的價格續漲，加上 NAND Flash、DRAM 的價格每季不停調漲，預期群聯的營收獲利會創新高，因此我告訴自己，要相信自己的判斷。於是，我把剩下的資金，再加碼 5 張。

過沒幾天，早上看新聞時，看到一道曙光，市場傳出，潤泰集團總裁尹衍樑肯定群聯董事長這幾年來營運的用心，並允諾個人出資 20 億元。這時，我鬆了一口氣，果然隔天大漲。

我搭配第 3 章提到的技術指標 KD+MACD 買進、賣出。2017 年 5 月，我賣出群聯，獲利 178 萬元，把其中 10 萬元拿去還房貸。

群聯的波段投資，奠定了我對股市的信心之路。原來過去 20 年在電子業的專業訓練，尤其是開發國外客戶的能力，當遇到困難時，直覺反應是先分析當下的狀況，啟動找出解決方案的思考模式，接著有效率執行，就算身處

不同環境，客戶出現任何問題情，也能隨機應變，不知不覺中，讓我練就了一身的好本領。

這次投資群聯的危機處理，讓我看到自己原來也可以處變不驚。然而，業務工作與投資還是有不同之處，業務工作需要處理不同的人事物 —— 客戶、主管、團隊，還要符合公司的要求與期待；投資股票需要冷靜判斷，享受孤獨的作戰，更要處理好自己的情緒。

本來還想找工作的我，也不找工作了，決定開始全心投入股市，跨出了第一步的信心之路，並實現未來再次創業的夢想。

# 25 賺到北海道之旅的 10 倍旅費

　　群聯的獲利 178 萬，讓沒有工作收入的我，猶如得到一份薪水般，鬆了一口氣。原來人是有潛力的，只有在跌到谷底、狗急跳牆的時候，未知的潛力才會被激發。第一次感覺自己像神力女超人，可以為身邊的家人做更多事，捍衛家園。

　　2017 年的暑假來臨前，為了讓我的 3 個小孩有個驚喜，我與先生規劃了 9 天 8 夜的北海道自助旅行。光是機加酒和租車，就要將近 20 萬元，再加上動物園、遊樂園與觀光景點的門票，到處吃吃喝喝、購物和買給親友的紀念品，整趟旅行的花費預計一家 5 口至少要 25 萬元。

　　於是，我就想著，如果能在出國旅遊前透過股市把旅費賺回來，這更會是一趟快樂享受吃喝玩樂的旅行。

　　2017 年 5 月，我透過「經濟部國際貿易局經貿資訊

網」觀察到，台灣電子業出口交易活絡，看了財經新聞報導得知，全球跨入物聯網時代，DRAM 記憶體的需求將會增加至少 5 倍，市場分析報告與報價指出，價格預估每季漲 30％。看到這些消息，我眼睛亮了起來，好像看到了一條光明之路。

因為先前的業務工作需要提供報價單給客戶，我發現 DRAM 的價格是所有零件變動最大的，幾乎每一季都不同，尤其每年第三、四季的價格會變得更貴，或交貨時間的生產週期變長，從 4 週變 8 週，甚至 12 週，而且只要缺料，當季至少漲 30％。由於客戶為了不影響整體公司的營收獲利，只準我們降價，不準我們漲價，因此每次看到 DRAM 漲價，我會問採購為什麼價格又變貴了。

DRAM 的旺季來臨，我看到漲價效應的這條路後，開始分析買進南亞科（2408）還是華邦電（2344）比較好。最後，從基本面分析判斷後，陸續買進股價約 16 元的華邦電。

全球進入物聯網的時代，DRAM 用量是過去的 5 倍。

華邦電 2017 年月營收和獲利，與 2016 年同期比較，都有逐漸成長的趨勢。

圖表 4-2 華邦電（2344）月營收分析比較圖

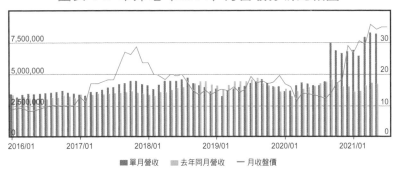

2021 年，華邦電 DRAM 的營收成長為 2020 年的 2 倍。2021 年，也是不錯的布局點，因為財經新聞提到，5G、AI、車聯網時代，DRAM 用量是過去的 10 倍。華邦電的營收，從 2020 年每月大約 40 億元，到 2021 年 4、5 月的營收突破 80 億元，甚至超越南亞科。

## 喜歡外資悄悄買進的個股

2017 年 5 月，我發現外資不斷買進華邦電。以我選擇投資標的的喜好，我喜歡買外資持股比例剛超過二成，且買超持續攀升的個股。

2017 年初，華邦電外資持股比例僅 21％，短短半年多內，外資持續買超加碼，比例攀升至 26％，再加上物聯網的需求，面板及手機等記憶體應用需求增加，記憶體報價每季往上攀升，因此我開始將所有的資金投入華邦電。

我喜歡打高爾夫球，愛用高爾夫球來比喻，外資就像桿頭，只要時時留意桿頭重量，就能打出漂亮的球局：「外資正在買，股價就容易動，這時跟著用力買，就像球局裡的第一桿一樣，遇到順風要強力開球，把握機會。」

## 如何判斷新聞消息的真假？

很多人常問，要如何相信新聞報導的消息是真還是

假。不少散戶常會看了好消息就買進，沒想到，這些消息大多是法人或大戶要倒貨所釋出的利多消息。

　　辨識消息真假的最好方法，就是找數據資料。若是真的，就大膽買進，相信自己的判斷。投資過程有亂流，突然股市下跌，不要恐慌，因為我們已經做足了功課。

　　華邦電 2013 年～ 2018 年的 EPS，從 2013 年的 0.06 到 2016 年的 0.81，由此可見，物聯網時代讓原本慘澹的 DRAM 產業漸漸恢復元氣。2017 年第二季的 EPS 為 0.28，比去年同期好，尤其 2017 年第三季是 2016 年同期的 3 倍獲利，而且本益比只有 12。

圖表 4-3　華邦電（2344）歷年 EPS（元）

| 季別／年度 | 2013 | 2014 | 2015 | 2016 | 2017 | 2018 |
|---|---|---|---|---|---|---|
| Q1 | -0.1 | 0.1 | 0.27 | 0.22 | 0.19 | 0.4 |
| Q2 | 0.1 | 0.19 | 0.22 | 0.18 | 0.28 | 0.54 |
| Q3 | 0.04 | 0.25 | 0.18 | 0.18 | 0.58 | 0.71 |
| Q4 | 0.02 | 0.29 | 0.23 | 0.23 | 0.49 | 0.22 |
| 總計 | 0.06 | 0.83 | 0.9 | 0.81 | 1.54 | 1.87 |

# 怕買在高點？做足功課，不慌亂

16 元買進華邦電後，股價掉到 15 元上下震動。那段時間我反覆思考，自己是否太高點買進，因為華邦電在 2017 年從 6 元漲到 16 元，漲了 270％。其實，難免心中會上下起伏，緊張自己的投資是否會慘賠。

不過，除了每天看記憶體報價的相關新聞，我還會觀察美股美光的股價，當時美光的股價從十幾美元一路邁進四十幾美元。雖然還是會擔心投資虧損，但我理性分析判斷後，告訴自己，從美光股價漲了 3 倍看來，華邦電漲 2.7 倍是正常的。只要美光繼續漲價，華邦電就會繼續漲，所以我沒有認賠殺出，繼續持有。

**投資前，一定要觀察公司基本面，確定選對股票：**

1. 營收與獲利是否逐月增加

2. 本益比是否低，表示股票便宜

若這兩項都是確定的，就不必太過擔心，可以增加自

己的投資信心。

**買股票後，要每天注意該股票的相關新聞：**

1. 是否有負面消息。比如：疫情、停工、停電、失去大客戶、供過於求導致價格跌……

2. 是否有新技術，投資新設備。比如：華邦電看好記憶體市場，2020 年投資 79 億元在高雄設廠。2021 年 3 月資本支出預算 131 億元，主要用於建置、擴充產能、測試等設備，預計 2023 年開始會有營收貢獻。以目前華邦電每月營收從過去 40 億元到 80 億元雙倍成長，產能擴充將對未來營收獲利有很大的幫助。

3. 是否有新的大客戶。比如：華邦電增加車用客戶，迎接車聯網時代的來臨；蘋果採用華邦電的 DRAM……

4. 財務消息面。比如：海外、業外投資是否獲利；買賣公司房地產是否獲利……這些都是好消息。

　　選到好股票以後，記得要像對待愛人般照顧，每天噓寒問暖。對它越來越有感覺後，來回操作波段會更有節奏感，股票買賣操作也會更穩健。

　　好股票，不會只有漲一次。每年第三季一直到聖誕節來臨前，都是電子業的旺季，很適合在旺季來臨前的 4 ～ 5 月布局電子股。

　　根據我的波段投資法操作，讓我投資華邦電的獲利高達 263 萬元。這趟為家人暑假之旅的投資，本來想賺回北海道的旅費，沒想到卻賺了 10 倍的旅費。

# 26 從獲利兩百多萬到慘賠百萬的教訓

賣掉華邦電後，我觀察到，因為物聯網需求，面板也開始漲價。

新聞媒體報導指出，車用面板與手機的需求量增加，讓彩晶（6116）的股價從 2.88 元漲到 10 元上下。於是，我把剛獲利翻倍的資金投入彩晶。彩晶的股價也沒讓我失望，一路攀升到感覺要破 14 元。心中雀躍想著，自己真幸運，才剛買 2 週，股價不斷飆升。先前獲利翻倍，也讓自己的防備之心鬆散了。

那時，我看著帳面的獲利數字 288 萬元，眼看獲利即將突破 300 萬元，打破自己的獲利紀錄後，我就準備要出場，獲利了結。

我一心只期待著彩晶的股價可以突破 14 元，這樣我就可以獲利 300 萬元。但股價最高點來到 13.8 元就開始

快速下跌。瞬間覺得自己就像關羽一樣，大意失荊州，我不想葬送在荊州。看著自己的從獲利變賠錢百萬的時候，趕緊認賠賣出。

我的這種心態，觸犯到打高爾夫球的一個禁忌，那就是，太在意要贏球，反而亂了方寸。昨天打好球，今天不一定也會打好球，因為每天身體狀況不同，球場不同，球友不同。這跟股市裡，上一支股票賺錢，以為自己懂了，一定賺錢。想要買在最低點，賣在最高點，最後就是輸了自己，輸了這場球，股票慘賠。

這次虧損的經驗，讓我學到寶貴的一課，修正了自己的投資原則，就是每次操作波段投資的獲利達到10％～20％行情，就算是一個很棒的境界。要學會臨機應變，股價在高點已有很好的獲利，卻堅持要賣在更高價，股價可能會如烤好的蛋糕一樣，火候沒拿捏好，差一點時間，立刻焦掉。好吃的蛋糕沒了，還要賠上材料烘焙成本。

**多虧過去本業的經歷，
讓判斷更犀利**

自從操作彩晶賠了百萬元後，我更加小心觀察新的投資標的。

2017 年 8 月，我看到義隆電（2458）的相關報導，該公司第二季的營收獲利增加，主要是因為接到微軟 Surface 觸控板的訂單。觸控螢幕晶片的出貨量將由 2018 年 420 萬套，增加 30％，這讓我眼睛為之一亮。

另外有一則消息指出，義隆電的最大競爭對手新思科技（Synaptics）原為筆電觸控板的龍頭廠商，因為併購了美國科勝訊（Conexant）和邁威爾（Marvell），因此新思科技的業物策略將轉攻物聯網。

# 專注本業，成為投資判斷的指南針

在物聯網領域工作近 20 年的我，對 5G、AI、物聯網相關的新聞消息特別敏銳。

當我看到義隆電的最大競爭對手要轉做物聯網時，我就知道，新思科技可能會放棄或減少對觸控板的投資，因為要往更有價值的領域前進。

新思科技併購的美國科勝訊和邁威爾，曾經是我合作過的廠商。之前到美國拜訪客戶時，也會拜訪他們，進而了解他們的新產品和行銷策略，以及他們和哪些廠商有合作機會。

科勝訊和邁威爾都是 Wi-Fi 晶片與物聯網 IC 設計的大廠，也是美國的上市櫃公司。於是，我利用波段投資法的三步驟：

1. **消息面**：原本是觸控板領導廠商的新思科技改變市場策略，轉到與無線相關的物聯網領域。義隆電將是轉單效應最大的受惠者，可能變成市場的觸控

IC 指紋辨識市場老大，加上手機每年推陳出新，換機用戶會變多，這方面的 IC 需求量跟著變大。

2. **基本面**：分析義隆電過去 2 年的財報，發現該公司的營收獲利比去年增加，但股價沒有太大的變化。2017 年整體股市大漲近 20％，義隆電的股價明顯落後，有補漲的空間。

3. **技術線型**：KD 值處於低點，呈現黃金交叉向上的趨勢。

透過我的三步驟，我在義隆電股價約 44 元買進。後來，義隆電在觸控板、觸控螢幕、指向裝置晶片排名全球第一，手機指紋辨識裝置市占率攀升到六成。

當義隆電的股價上漲 30％時，我獲利了結，賺了 257 萬元。2020 年，義隆電減資二成，營收獲利反而越來越好，是每年都可以在低點買進、高點賣出的投資好標的。

我分別在 2017 年、2018 年和 2020 年，波段操作義隆電三回合，總共獲利 625 萬元。

　　之前業務工作的專業訓練，讓我學會判斷局勢，做好
正確的選擇，所以專注在本業上很重要。

## 28 蘋果電腦辦不到的事，反而讓我從中獲利

我兒子國二時，自己組裝電競電腦，讓我開始研究電競電腦的相關股票。

有一天，剛升國二的兒子跟我說：「媽咪，妳買給我的 Mac 不能用來打 LoL*，因為蘋果電腦的作業系統有太多限制。我要買電競電腦，自己組裝，比較便宜。」

身為蘋果迷的我，覺得怎麼可能會發生這種事情，我喜歡的蘋果電腦在影像處理和設計都很厲害，於是我上網搜尋電競電腦的相關知識，果真蘋果電腦的 iOS 系統無法執行 LoL 的遊戲軟體。

看著兒子很認真研究主機板、顯卡、LED 散熱風扇等相關配備，還跟蝦皮買家熱絡討論。

---

* 《英雄聯盟》（*League of Legends, LoL*），是一款多人線上戰鬥競技遊戲。

我問他：「最重要的主機板，你打算買哪一家？」

兒子回：「買技嘉，因為比較便宜，CP 值最高。但如果我錢多一點，我會買微星。」

與兒子研究電競電腦的過程，也讓我看到了電競電腦的未來發展可期。當時，台灣是全世界第一個開發專門針對電競領域的電腦，相關的廠商包括：華碩（2357）、微星（2377）、技嘉（2376）。由於這些公司當時具有遠見，現在才成為電競電腦的領頭羊。這幾年，因為電競電腦的需求與比特幣的挖礦潮，讓這些公司的營收獲利跟著翻倍。

## 關注「缺貨」的財經新聞，投資更有保障

相信很多投資人都有這種感覺，將手中大部分流動資金放在股市裡，生活壓力會很大，常有緊張的感覺，心裡會很不安。

但我是抱著本金已回來的心態，反而越戰越勇，一心想把房貸還清，反而更心無旁鶩，如忍者的眼神般，每天盯著投資新聞與所有相關訊息。

每天早上看財經新聞的我，2017 年 10 月觀察到比特幣的價格從三千多美元，一路往上攀升到五千多美元，一路突破 1 萬美元。到了 2018 年第一季，比特幣的價格漲到 2 萬美元。

財經新聞不斷報導，因為比特幣的挖礦熱潮，使得顯示卡大缺貨，有錢也買不到，讓原本高單價的高階產品也變熱銷，挖礦的「礦工們」還把所有實體店面及線上通路的高階顯卡幾乎掃光。

## 看月營收損益表，是否有獲利

看到了這類缺貨的消息，我就會找哪些企業會因此受惠，再挑出前三名的龍頭股，而台灣顯卡的一線廠商與電競電腦的相關企業，包括：華碩（2357）、微星

（2377）、技嘉（2376）。

我會進一步比較這些公司的股價：華碩股價兩百多元，微星有七十幾元，技嘉只有四十幾元。雖然這些企業都是好的投資標的，但我會再比較本益比，因此我先買進本益比低的技嘉。

## 技術線型：KD 值位於低點，呈現黃金交叉

決定好投資哪支股票後，我就會開始觀察技術指標。當時，技嘉的股價比華碩和微星還低，只有 44 元，且 KD 值位於低點，呈現黃金交叉向上的趨勢，加上 MACD 的指標也處於起漲點。我還觀察到外資開始大量買進，所以我將資金投入技嘉。2017 年底，我賣出技嘉，短短 2 個月獲利 256 萬。

當我的波段投資穩穩獲利時，我跟先生說，農曆過年時，想規劃一家人到澳洲自助旅行 2 週。由於台灣的冬季是澳洲的夏季，可以帶孩子坐熱氣球，看袋鼠、無尾熊，

自行開車到處欣賞美麗的風景，只要打開 Google Maps 就能開到我們想去的景點，吃到網路上評價好的排隊名店，孩子們一定會很開心。

雖然這次的旅費是日本北海道之旅的 2 倍，但這次我可以融入享受旅途帶來的愉快，經濟壓力和緩許多，好久好久沒有這種放鬆的感覺了。

這四年來，我投資在電競相關領域，總共獲利 2,395 萬元。

# 29 看準比特幣與顯卡的連動，抓穩獲利節奏

過去的成功經驗，可以再度複製，因為經驗與次數的磨練，會讓投資更穩健與安心。

自從我發現，比特幣的漲跌與顯卡族群類股具有高度的連動，讓我抓到每年比特幣起漲點，就是買進技嘉（2376）或微星（2377）的節奏。

2020年8月，我發現比特幣的價格開始蠢蠢欲動，已經突破1萬美元，又有上漲的趨勢，因此我買進100張股價70元的技嘉。

2021年1月，比特幣價格來到3萬美元，技嘉的股價也跟著來到百元。2021年4月，比特幣的價格來到7萬美元，技嘉的股價也跟著漲到130元。就我好幾次的緊密觀察，可以很肯定技嘉的股價與比特幣具有100％的連動，也表示說，在比特幣價格上漲的過程中，也有投資人

不斷買進技嘉（2376）的股票。

### 圖表 4-4 比特幣／美元走勢圖表

資料來源：TradingView.com

### 圖表 4-5 技嘉（2376）的走勢圖

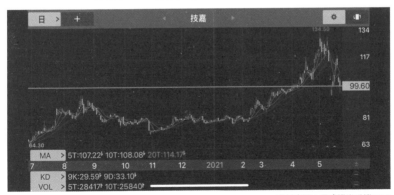

資料來源：日盛證券手機 APP

比較比特幣與技嘉的走勢圖，不難發現走勢非常相似，比特幣狂漲時，代表顯卡缺貨，顯卡的價格也會上漲3倍。

雖然顯卡的廠商有那麼多家，但我一樣是根據我的波段投資法三步驟，選擇投資技嘉（2376）。

## 熱門題材的受惠廠商

除了比特幣的挖礦熱潮，讓技嘉從中受惠，還因為疫情升溫，遠距辦公與教學的設備成為熱門的題材，技嘉也是其中的受惠廠商。

以技嘉的產品來說，伺服器占比來到三成、顯卡占三成、電競筆電的相關產品占四成。因此，技嘉有不少利多的缺貨產品，是很好的投資標的。

# 營收、獲利創新高

從財報看出，技嘉（2376）2021 年第一季每個月的營收和獲利都創新高，第一季 EPS 為 4.46，跟 2020 年同期的 EPS 1.7 相比，獲利成長不少。

由於顯卡的價格翻漲 3 倍，技嘉的獲利也比去年多了 3 倍，因此我判斷技嘉股價將大漲，而且會創歷史新高。

我利用 EPS 和本益比算出技嘉的合理股價，法人預估 2021 年技嘉的 EPS 可達 10 元，2020 年技嘉的 EPS 6.68。而本益比以 10 ～ 15 計算，可以得知技嘉的合理股價有 100 ～ 150 元的實力。

因此，2021 年 2 ～ 4 月，我從技嘉股價八十幾元～九十幾元開始布局，大量買進。而技嘉 2021 年 3、4 月的營收都高達 110 億元，創下歷史新高。當我看到財報數字時，更堅定自己對技嘉（2376）的判斷。果然，2021 年 4 月 16 日，技嘉股價創新高，出現漲停板，來到 118.5 元，我隨即賣出入袋為安。

前文有提到，股價等到漲停時，先獲利了結，因為隔天收盤股價收黑的機率較高。股價回跌到 106 元左右再買進，比特幣創歷史新高 7 萬美元，技嘉股價 120 元上下賣出。

## 用 KD、MACD 找出買賣點

由於 2021 年年初比特幣價格狂漲，使得顯卡缺貨，因此我預測技嘉第一季的營業額和獲利會很好，果真技嘉 2021 年 3 月的獲利創新高，此時顯卡和比特幣的價格持續漲，2021 年 4 月技嘉的營業額和獲利再次創新高。

從技嘉的技術線圖來看，2020 年 9 月到 2021 年 2 月盤整了近半年，我也觀察到技嘉的技術指標 KD 值落在 30 ～ 50，MACD 也在起漲點，所以我開始布局，分批買進。

2021 年 4 月 16 日，股價漲停 118.5 元，創歷史新高，KD 值大於 80 ～ 90，所以我全部賣出。等到技嘉

（2376）的股價回到 104 元，KD 值小於 30 ～ 50 我再度
買進，半年後，股價漲到 120 元，再賣出。

我抓準了比特幣漲跌的週期，專注財經消息，看財報
基本面，選出本益比低的股票，再利用技術指標判斷買賣
點，讓我在 2017 年、2020 年、2021 年投資技嘉的總獲利
高達 1,455 萬元。

# 30 賣出就大漲，如何避免賣太早？

　　我的波段投資法三步驟，是我經歷20年淬煉出來的一套選股模式與心法，最主要的關鍵是，每天大量閱讀財經新聞，找出供不應求、熱門的產業個股，再以巴菲特的價值投資法為基礎，看財報與損益表挑出個股，然後以技術指標判斷買賣時機點。

　　從我第一次的獲利，每個月不斷複製成功模式，幾乎每支股票都有百萬元的獲利。

　　《BBC》記者羅伯特・普拉默（Robert Plummer）回顧各地2018年的股票市場說：「這是2008年金融危機後，全球股市表現最差的一年。」但因為我選股不選市，還是可以在2018年遇到中美貿易戰和中國股災的股海中，尋找到熱門題材股，繼續獲利。

　　不過，我還是會遇到讓我亂了分寸的時候，但這種時

候，就是調整自己、精進自己的最佳時機。

2018 年 9 月，我會挑選記憶體產業矽晶圓龍頭環球晶（6488），是因為股價從高點 642 元跌到 284 元，我替環球晶感到很委屈，因為環球晶是有未來性的好股票，半導體產業的興盛時，記憶體生產的原料是矽晶圓，所以很容易因為缺料而漲價。只要聯發科、南亞科、華邦電及台積電等相關股票的股價上漲，環球晶的股價一定會跟著漲。加上這家公司的營收和獲利都相當穩健，因此看我以技術指標的 KD 值判斷，在股價 290 元上下時買進。

環球晶是一支績優股，但當時因為中美貿易戰開打，我預估產業景氣將會整體下滑，所以就先賣出，獲利 157 萬元。然而環球晶生產的矽晶圓材料，是晶圓廠如台積電、記憶體與 IC 設計的上游廠商，所以獲利和營業額沒受到大環境的影響。因為我太早賣出，覺得自己少賺，很可惜。但這也讓我對矽晶圓產業上中下游產業鏈有更深的了解。

2020 年 5 月，台積電、聯發科都已經大漲，但環球

晶的股價卻不太動。根據我過去的經驗，環球晶應該也會一波波的大漲趨勢，且均線糾結麻花這麼久了，因此我在環球晶股價 372 元時，買進 20 張。

2020 年 6 月，我上節目時，環球晶（6488）的股價來到 450 元，我還告訴節目製作人，環球晶只有爬到半山腰，但自己卻因為看到環球晶在「均線糾結」太久而賣出，獲利 123 萬元。不過，2020 年 11 月，環球晶突破均線糾結後，蓄集能量，直接飆漲，2021 年 6 月的股價來到 950 元。

「均線糾結」是指，短、中、長期的均線長期糾結在一起，利多消息很多，卻都不漲。

以環球晶為例，從 2019 年～ 2020 年 10 月底，環球晶股價在 350 ～ 420 元上下遊走，代表這兩年的投資人投資成本都差不多。雖然環球晶是一支獲利穩健的股票，外資占比也都有三成上下。

但利多均線卻糾結，會讓投資人缺乏耐心及信心，因此在股價微幅上漲時，可能就會急著解套，而我這次投資

環球晶的經驗，就是中了這個陷阱。主力多半會利用均線糾結時將一些沒有信心、沒有耐心的籌碼洗掉。

相信很多散戶有過跟我一樣的情況，在股價啟動大漲前賣掉，因為均線糾結太久而亂了分寸，提早賣出，沒有等到最後上攻的那一刻，這時就會覺得心好痛！

因此從這次的經驗，我學會對自己的分析研究要更有信心，不要被眼前的亂象干擾，失去了自己的判斷力。由於我的個性具有業務特質，比較急躁，所以知道自己必須多加修煉「耐心」與「等待」。投資與打高爾夫球很像，要慢，在慢的過程中，享受自我孤獨的判斷力，才能更加清晰。

我調整好心情，繼續觀察相關的財經新聞與技術指標，當我看到比特幣上漲，從 2020 年 8 月投資技嘉（2376）後，均線糾結在股價 90 元上下，長達半年，但因為我記取環球晶（6488）學到教訓，懂得耐心等待，終於等到技嘉儲蓄能量往上飆漲。

我知道很多散戶常常發生賣出股票後，股價卻大漲的情形，這時會覺得十分可惜，甚至會痛罵自己。我認為，

只要從中分析自己的失誤，對自己做的功課有信心，就能
避免重蹈覆徹。

**認真專注本業，發現好股票**

2020 年，我和朋友一起創業，在竹北高鐵站附近開了一家主打健康養生的低卡便當店。

我會投資製造 MCU 的廠商松翰（5471），是因為我發現松翰訂購我們便當的頻率越來越高。接洽的人說，他們最近很忙，需要加班，所以有訂購便當的需求。我覺得，在新冠肺炎疫情升溫之下，可以忙是好事，代表業績好。這就是我說的，只要認真專注在本業，總會發現新大陸。

我對松翰的認識緣起於 2014 年，因為工作需求，去中國拜訪客戶時，順便去拜訪在中國設廠的松翰，那時公司開發無線網路監控 IP Camera，可能會採用松翰的晶片，所以了解該公司產品的未來規劃。雖然他們的晶片是後起之秀，但業務團隊積極，研發人員工作認真，對潛力客戶義不容辭，中國的雲端互聯網公司相繼採用，因此我

對這家公司留下很好的印象。2020 年 11 月 24 日早上，我看到一則新聞消息「松翰光學辨識產品拿下大陸騰訊，未來將逐漸放量」。我了解到松翰（5471）的光學 IC 設計持續精進中，除了 MCU 微控制晶片，他們的 IP Camera 相關晶片技術也越來越成熟了。

一顆完整的 MCU，會將 CPU、RAM、I/O 等周邊關於記憶與運算的功能整合在一起，可以說是一台微型電腦，當我們想利用手機 APP 控制家裡的冷氣、電燈、窗簾開關……這些產品都必須透過安裝 MCU 智慧化，才能遠端控制運作。

因此，專家預估 5G 萬物聯網、車聯網的時代，MCU 的用量會是過去 5 倍，還有智慧工廠、機械手臂，都是現階段非常熱門的產業應用，再加上電動車或自動駕駛汽車的發展，都需要用到 MCU 晶片，所以未來 MCU 將躍身重要的角色，可能成為 IC 設計的股票重頭戲。

除了松翰員工加班訂便當的頻率變高，我也從新聞報導中發現，MCU 有供不應求、供貨吃緊的狀況，因此

價格不斷上漲。我把 MCU 列為波段操作的口袋名單，持續關注 MCU 的投資好標的，包括：盛群（6202）、松翰（5471）、新唐（4919）。

## 讓財報數字說話，驗證是否會成長

從基本面來看，由於新冠肺炎疫情的關係，額溫槍的需求大增，幾乎每間店都必備一台，因此額溫槍需要用到的 MCU 晶片缺貨，使得松翰成為受惠廠商。2020 年，松翰的淨利增加 2 倍創新高，每股賺 6.11 元。2021 年 1 ～ 5 月的營收獲利，松翰會比 2020 年成長二成，第一季 EPS 也比 2020 年同期成長約 2 倍。

2020 年 7 月～ 2021 年 2 月，我波段操作松翰，獲利 318 萬元。

### 圖表 4-6 松翰（5471）歷年每股盈餘（元）

| 季別／年度 | 2013 | 2014 | 2015 | 2016 | 2017 | 2018 | 2019 | 2020 | 2021 |
|---|---|---|---|---|---|---|---|---|---|
| Q1 | 0.66 | 0.7 | 0.43 | 0.16 | 0.19 | 0.15 | 0.25 | 0.86 | 1.6 |
| Q2 | 0.93 | 1.02 | 0.79 | 0.68 | 0.51 | 0.7 | 0.76 | 1.98 | - |
| Q3 | 0.68 | 0.78 | 0.67 | 0.43 | 0.48 | 0.81 | 0.53 | 1.73 | - |
| Q4 | 0.8 | 0.62 | 0.43 | 0.4 | 0.23 | 0.36 | 0.49 | 1.54 | - |
| 總計 | 3.07 | 3.12 | 2.32 | 1.67 | 1.41 | 2.02 | 2.03 | 6.11 | 1.6 |

### 圖表 4-7 松翰（5471）的月營收（百萬）

| 2021 年 | | | | 2020 年 | | | |
|---|---|---|---|---|---|---|---|
| 月分 | 單月營收 | 年成長率 | 累計營收 | 累計營收年成長率 | 月分 | 單月營收 | 累計營收 | 累計營收年成長率 |
| 01 | 508.56 | 198.01% | 508.56 | 198.01% | 01 | 170.65 | 170.65 | -18.92% |
| 02 | 376.92 | 78.42% | 885.48 | 131.86% | 02 | 211.26 | 381.91 | 4.45% |
| 03 | 501.64 | 10.88% | 1,387.12 | 66.25% | 03 | 452.44 | 834.34 | 35.16% |
| 04 | 547.97 | -0.79% | 1,935.10 | 39.55% | 04 | 552.33 | 1,386.68 | 52.65% |
| 05 | 519.24 | 7.16% | 2,454.33 | 31.16% | 05 | 484.56 | 1,871.23 | 50.59% |

可以觀察每月 10 日公布的月營收數字，與每季公布的 EPS，就能判斷一家公司是否會繼續成長。

許多人會發現，有些好股票，明明營收獲利好，利多消息不斷，為什麼股價長期盤旋不漲，或甚至下跌。我也常常會遇到這種情況，雖然也會埋怨一下，但我會去看營

收與獲利數字是否成長，佐證自己的判斷是否正確。若答案是肯定的，我會持續持有，等三大法人大量買進，股價飆漲後，再獲利了結。

# 第 5 章

# 財務自由，
# 不是投資的終點

# 32 創造人生財富的理財習慣

我會把自己想像成電玩裡的角色瑪利歐兄弟，戴著一頂「M」標誌的帽子，象徵著「MONEY」，穿著藍色背帶式工作褲，如同自己努力工作，希望不斷往上跳躍，頭撞金磚，可以獲得金幣，突破困境闖關成功，獲得更多金幣。若要加強自己的跳躍能力，遊戲裡可以吃蘑菇，讓瑪利歐變大。變大後的瑪利歐被稱為「超級瑪利歐」，得到額外的生命值。在現實中，這些蘑菇道具就是我們的理財觀念，讓我們的財富更茁壯。

有一天，我在星巴克邊喝咖啡，邊寫部落格文章，身邊最多的是上班族聊工作的酸甜苦辣，以及如何賺到更多錢，讓我回想起自己剛踏入社會的學習歷程。

在企業工作15年，加上5年創業失敗再創業，我深深覺悟到，我們無法期望每份努力付出與善意會得到回報，但多年來養成的理財習慣，在每次遇到人生困境的道

路上，順手推我一把。每個人總會輪到幾次不公平的事情，但只要我們是善意的付出，安心等待是最好的辦法，時間會給我們答案，要耐得住寂寞，等待屬於你的那一刻。以下是我 20 年來四個理財觀念的養成心得：

## 節儉儲蓄

夢想，是存到第一桶金最快的加速器。可以善用現金流收支表和個人資產負債表管理自己的財務，還要準備緊急預備金、妥善規劃每一筆獎金，養成每天的好習慣。大部分人的第一桶金都是從努力工作、節儉儲蓄開始。有了基本的存款後，才能做未來理財工具規劃。

## 每天關注財經新聞

我從踏入社會開始，每個月月底或月初會到超商翻閱各種理財雜誌，了解全世界的經濟脈絡，可以知道各類

基金排行榜、今年哪國經濟起飛成長最快、貨幣升貶值代表什麼、若石油漲代表經濟如何，以及會帶動哪個行業漲跌、經濟危機時代表黃金就會漲……遇到看不懂的經濟財經理論，就買回家研究，萬事都有一定的邏輯可循。

常聽到身邊很多朋友追韓劇，若可以把這些理財相關新聞當韓劇追，那就是每天追著錢跑，錢就來追你了。2002 年～ 2005 年，我的投資標的以基金為主，例如：黃金、能源、礦業、新興國家等基金，獲利超過 50％。會有這樣的績效，都是平時看財經新聞，累積經驗而來。

## 銀行是小資族的貴人

跨越富人平台一個很重要的觀念，盡量用銀行的錢幫我們賺錢，我這樣操作已經 15 年了。無論是買車、買房，只要有收入、信用好，都可以善用銀行的貸款，讓自己資金運用處於安全狀態，又有生活品質。

越早與銀行有好的關係互動，未來於貸款上也會有更

好的條件。投資都有風險，所以做各種投資時，要切記做好風險管理。

# 生財工具

消費時，先判斷要買的物品是生財工具或消耗品。若是生財工具，可以花更多錢買品質更好的，比如工作需要的筆電或車子，可以為未來晉升管道與加薪機會鋪路。

經過多年養成習慣後，自然練就三種能力：

- **蒐集財經資料最新訊息**

- **依照自己豐富的知識來做分析**

- **最後做合理的推論判斷，增加準確性**

只要養成這些好習慣，路遙就能知馬力，用錢滾錢。10 年後，我們的人生將因此而翻轉。

# 33 專注本業工作，投資沒負擔

　　雖然現在有許多人想透過投資翻身、財務自由，但很多靠投資財務自由的人，一開始都先專注在自己的本業。如果你沒有富爸爸、富媽媽，父母也沒幫你把從小的壓歲錢存起來，那通常都是靠工作賺取的薪水，存到投資的第一桶金。

　　存到第一桶金的速度，除了要養成理財的習慣，更重要的是，先專注在自己的本業工作，精進本身的實力，更可以為以後鋪路，在未來的投資路上，養成如福爾摩斯般敏銳的判斷力，從蛛絲馬跡裡找到機會。要做到這些，必須對我們的本業夠了解，才能為自己在本業的薪資上，再加上一份薪水，也就是被動收入。

　　20 年來，在電子業領域的專注，讓我的投資之路不會跌跌撞撞，我少走了很多冤枉路，反而能快速看到錯誤，發現問題所在，找出解決方法。

## 本業薪水＋本業 know-how 投資相關產業
## ＝ 薪資＋被動收入

首先，如何讓自己在職場上成為一個出色的人，公司升遷會想到你，也會讓自己的薪資增加。要如何做呢？也就是要「**自我投資**」，才能在本業上更有競爭力，我會做到兩點：

- **為公司著想**

- **為客戶著想**

以我自己多年擔任業務人員為例，我要贏得大訂單，就必須從細節著手，例如：服裝、電腦、應對等，我因此成為一個有自己品味風格的業務，原來一個小細節可以改變這麼多。

時時精進自己的能力，隨時保持在最佳的備戰狀態，讓公司覺得我是可靠、可利用的人才，證明自己獨一無二且無人可取代的價值，能做到這一點，就算得不到你要的期待，即使你受盡委屈，也沒關係，因為這些努力、認

真、汗水、淚水、向上的呼喊，都已刻畫在你的內心深處，這些都是你練就的真實力。

我認為，身為前線作戰的業務，如果想拿到大訂單，必須做到幾點：

- **優秀的團隊**：管控成本、產品設計、出貨行程、品質管控、售後服務

- **強化競爭力**：對市場上的競爭對手瞭若指掌

- **危機處理能力**：犯錯時，如何彌補

- **對公司負責**：如何提高成交率、客戶準時付款

- **沙盤推演**：做足各種準備，包括預留砍價空間

就算你所處的公司不是大企業，或者是資源不足的惡劣環境，但如果可以靠後天的努力，把每一分稀少的資源發揮到最大的價值，加上團隊的向心力和優秀的人才，我想最終能贏得客戶的信任、尊重與訂單。

另外，由於我對本業的專業知識，讓我掌握住電子業

上中下游產業鏈的關係，所以當我在看財經新聞時，可以很快的抓住重點、知道地雷在哪裡，讓我找到電子業的投資密碼，可以走得更順遂安穩。這就是為什麼我投資勝率特別高的原因，無論工作或投資，都要先把基本功練好。

對不是在電子業工作，但想投資電子業的朋友，投資電子業最常會遇到的地雷在哪裡？

其實，電子業的資訊很透明，最怕投資人買了就不管。當公司發生危機、財務出現問題，新聞都會報導，最怕投資人沒有關注而踩到地雷，所以要時時關注新聞。

如果想在股市投資沒負擔，有好成績，首先選擇你熟悉的工作產業，再利用波段三步驟的選股方法，會讓你投資更有把握，也會有不錯的獲利。

投資基本功的蹲馬步，就是你工作時的投入，了解本業打好基礎。由於這二十年我認真與專注於工作本業上，不斷尋求工作上的突破，除了讓我有資本可以投資，也讓我抓住好機會。

# 34 創業沒壓力，心境大不同

多年來，我是《商業周刊》的忠實訂戶，《商業周刊》多元化報導創業的成功人士，在我心中立下典範，希望自己有一天也可能成為像張忠謀、郭台銘、蔡明介等這樣的大人物。因此，創業是我一直以來的夢想。

2013 年，在因緣際會之下，我實現了創業的夢想，但努力 3 年後，創業失敗，300 萬元付諸流水，讓我看到了「財聚人散」的下場。在失敗時，只有歸零，才能把過去那個錯誤的自己拋棄，如電腦格式化般，重置開始。人生的變化很微妙，當我們跌倒要爬起的那個時刻，蘊藏的能量是無法想像的。

離開職場後，為了找到生命的真諦，我參加過去沒有接觸過的課程：照顧服務員與情商志工。雖然沒有收入，卻讓我得到心靈的解脫，讓我體會到，人要的其實很簡單，就是一份被尊重的感覺與自我實現。

這四年來我對於有興趣的事，抱著志工心態，都去試試闖闖。然而沒想到，我靠著多年研究投資理財的經驗，決定放手一搏，設定好投資原則和方法，反而讓資產翻倍，也實現了財務自由的夢想。

第一次創業時，我還背負著房貸，所以孤注一擲非成功不可，對創業總是抱持著不可以失敗的想法，每天都戰戰兢兢，害怕失敗，有很大的心理壓力和負擔。

我一直希望回歸本業，當一個超級業務員。2019 年，我再次創業，這次已經沒有像第一次創業一樣有壓力，心境跟以往不同，在投資穩定獲利下，可以做真正想做的事，反而能實現更多創業夢。

我希望，成立電商平台可以把台灣好產品賣到全世界，因為台灣的競爭力靠每顆社會的小螺絲釘，才能成為國際的科技之島，成為世界第一的台灣之光。

2020 年，剛好有位認識多年的朋友，人生也重新歸零，與另兩位夥伴，一起在新竹投入餐飲業，開始做健康好吃的低卡便當，主打科技社群的養生餐飲。希望讓科技

人在忙碌的工作，可以吃得更健康，擺脫三高。

我們以便當界裡的電子業為定位，而且待遇與制度跟電子業一樣，每個月的獲利跟員工分享，也因此吸引了更多年輕人願意來便當店工作，因為他們看到這裡有前景。團隊成員來自不同領域的專業，盡力為民眾打造一份健康安全、無負擔的便當。

電商平台與餐飲業，都是無心插柳柳成蔭。以前，我會爭取排名，要拚第一，想當最厲害的人。現在的我，領悟到了，得到第一，變成了最厲害的人，不一定會得到別人的讚賞。真正的友情，來自於整個團隊能一起向前走，奉獻自己所長，互相支持。

現在的我，雖然在投資上有些心得，已經達到財務自由的階段。我對財務自由的定義是，可以擺脫依靠薪資的人生，無負擔的規劃自己想要的人生，所以我到現在還是在工作，只是範圍更廣。以前在電子業，只服務一家公司，現在可以服務更多人，從餐飲業、學校志工、老師、電商、經營社群、寫部落格、上節目、接受雜誌採訪，甚

至申請到專利當了發明家。

也許，看到我這本書的你會很羨慕我。其實，這樣的人生也會發生在你身上，只要你執行本書的方法與紀律，從過程中，找出適合你自己的方法，變成 SOP，你也會找到屬於自己的獲利方程式。

如果遇到人生的挫折，可以給自己 2 年的時間，重新歸零試試看。我也跟你一樣，有著一顆想脫貧的心，只要不放棄，有著堅持與努力不懈的動力，一路上會遇到提攜自己的貴人，找到人生的出口。

# 35 遇到人生瓶頸，靠方法翻轉

因為新冠肺炎疫情的關係，全世界經濟崩盤，我投資石油虧損，讓我心情難過跌到谷底。然而，我人生遇到瓶頸時，通常會做兩件事：

- **參加過去沒有接觸過的課程**

- **閱讀一本可以幫助解決問題的書籍**

2020 年 4 月，我閱讀了一本很棒的書《小島經濟學》（*How an Economy Grows and Why It Crashes*），書中敘述三個人在一座小島生活，僅能以捕魚過日子，是把魚當作貨幣的小島國。他們每天捕魚的時間一樣多，捕到的魚剛剛好糊口，不會餓死。

然而，他們沒有其他休閒娛樂生活，沒有房子住，也沒有衣服穿，捕魚成了小島經濟活動的全部，他們每天的作息就是 —— 醒來、捕魚、吃魚、睡覺，每天捕獲的魚都

會吃光，因此他們沒有存款、沒有借貸、沒有投資！

　　某天，其中一人想到，可以做漁網捕魚會更有效率，因此他把捕魚的時間，拿來做漁網。如此一來，他必須挨餓一整天做漁網（創造資本），但風險是他不知道這個想法是否能捕到更多魚（風險投資）。但若他可以成功，將可以每天有更多條魚，賣給其他人，創造獲利。

　　當大家變有錢後，開始有了銀行借貸與商業活動，後來出現了金融危機，導致經濟蕭條，為了拯救經濟，實行貨幣政策、大量印鈔票，通膨也隨之而來。這些內容提到的經濟政策，剛好呼應去年世界各國因應新冠肺炎疫情造成的金融危機，開始實施寬鬆貨幣政策。

　　《小島經濟學》提點我對貨幣寬鬆政策的想法，讓我重新回顧 2009 年雷曼兄弟發生的金融海嘯，美國也是大量印鈔票，實行寬鬆貨幣策略，2010 年～ 2011 年的股市因此翻倍。經過我的分析判斷，確定前因後果後，激起改變現狀的鬥志，具備重新回到股市的勇氣，儲蓄能量後，擬定好方法，再度執行。

　　另外，我也把自己當作《小島經濟學》的主角艾伯來規劃我的下一步。書中描述的小島，生活艱苦，沒有任何奢侈品，用最原始的方法以手捉魚。某一天晚上，艾伯開始思索人生的意義，想做自己想做的事，於是開始找出方法。

　　我跟艾伯不就是處於相同情況嗎？於是，我把自己模擬成艾伯，為自己找出生機，以時間來投資漁網，換取更多的魚完成自己的夢想。我決定把手上剩下的現金，擬好對策，做正確且有紀律的投資，我才能有多餘的錢做更多的事。我需要提高自己的生產力來創造資本，才能來持續自己的夢想。

　　走過石油危機的我，希望分享我的投資心法給更多朋友，讓他們也可以跟我一樣，閱讀了一本書而受惠，用新的態度面對投資，人生因此而翻轉。

　　投資的路上，我們很難預知黑天鵝什麼時候會出現，唯一能預防的是做好資產配置。比如 2020 年 4 月 21 日因為疫情，石油崩跌，我投資的石油虧損了 92％，還好有

做資產配置，所以能趁股市低點時，撿便宜買進，彌補虧損，順著經濟股市轉好的風向，賺取更多獲利。

股市行情大好時，只要財報是正的，要獲利並不難，如小米創辦人雷軍說的：「站在風口上，豬都會飛。」股市的道理也是如此。

散戶想獲利永遠要記住一件事，就是利用每天零碎的時間，做足功課，慢慢累積自己的投資手感和敏銳度。孤獨，是我們投資路上最好的朋友，在投資的戰場裡，你不知道敵人是誰，敵人也不認識你，大家互不認識最好，在同一個公平的起跑線。

我認為，投資理財不只是要被動收入，更要扭轉人生，希望我分享波段投資的獲利三步驟，可以幫助同樣是散戶的你，戰勝千億法人，拒當股市韭菜。在投資的世界裡，我們不需為了名利，卑躬屈膝，讓我們一起擁有一個值得被尊重的人生，感謝貧窮，給了我翻轉人生的動力。

# 結語
# 在股市中謙卑學習，精進自己累積價值

　　2017 年～ 2021 年，我將自己歸零，發現原來人的潛力是無窮的。從剛開始的擔心、害怕與壓力，也讓重新開始的自己，更謹慎踏出每一步，也更努力謙卑學習，把自己蹲得更低，看到的世界更大。

　　很多人問，如何可以變有錢？我的答案是，只要覺得自己夠窮，窮得可憐，窮得必須向人低頭，需要繳房貸、車貸，當錢不夠，就會有心想變有錢。因為只有缺錢，會更有動力努力賺錢，所以我們都具備變成有錢人的先決條件！

　　想變成有錢人，還有一個最重要的關鍵，那就是資產配置，這是真正致富的祕訣，只要做好資產配置，才能真正留住財富，把賺來的錢存放在固定資產，像存撲滿一樣，當房子漲價時，撲滿也跟著變得越來越大。小資族可能會覺得，現在房子那麼貴，怎麼可能買得起？千萬別小

看自己的能力，我也是從 300 萬元的房子開始買起。20 年來，我的資產配置是 7：3，七成放在固定資產，三成放在投資。投資獲利的錢都拿來繳房貸，所以我有月結投資獲利的習慣。

不斷累積投資經驗，技巧與心態也會越來越精進，讓我投資更有信心，更有興趣研究更多財經消息、技術線型、財報分析與總體經濟，我的投資節奏越來越穩。要練到這樣的功力，真的是 20 年磨一劍，前 10 年跌跌撞撞，後 10 年我領悟出一套「天龍八步投資心法」，在 2017 年 ～ 2018 年累積了 5 倍獲利。

2020 年的投資失利，讓我痛定思痛，我重新審視「天龍八步投資心法」，簡化提升成「波段投資法三步驟」，我加入了最重要的關鍵因素 ──「缺貨」。只要留意財經新聞出現的缺貨題材，股價一定會漲，不必注意極短期的股價震盪變化，我們還是可以放心工作，再搭配 KD、MACD 這兩種技術指標做波段操作，低買高賣。

調整了我的投資策略後，我從 2020 年 5 月～ 2021 年

5 月，獲利又更高，超乎我想像。原來簡化步驟與穩定心態，反而提高勝率。2017 年～ 2021 年，獲利超過 4,000 萬元。

2021 年母親節後，新冠肺炎疫情開始變嚴重，台灣進入三級警戒，台股崩跌了 20％，也創造了史上最大跌幅近 800 點，一天成交量近七千多億元。不少散戶在這時候慌了，但如果跟著我的波段投資法第一步驟，你會發現其實台灣 2021 年第一季的 GDP 反而逆勢成長了 8.2％，1 ～ 4 月出口也明顯成長至少三成。

我的波段投資法的第一步先研究總體經濟，就是為了確定自己判斷的正確性，每個月看財政部公布的出口增加或減少，可以當作布局的重點參考。

股票是相對安全的投資工具，每當股市大跌，也是財富平均分配的好時機。好的績優股下跌後，可以逆向思考買進，如果擔心跌太多，可以分批買進，再搭配技術分析指標，等待漲勢，操作波段，賺取價差，好股票也不會只漲一次。

投資最重要的是，建立自己有信心的策略，只要挑選財報營收獲利佳，且又未來性的股票，做好功課，再投入資金，獲利才會多，耐心等待每一陣黃金雨的到來，用聚寶盆牢牢接住。

希望你別小看自己的能力，在投資的世界裡，我們都有可能變成超人，擁有超乎自己想像的能力，讓我們一起努力學習，在股市中謙卑學習，精進自己，累積價值。

# MEMO

翻轉學 翻轉學系列 064

# 我用波段投資法，4 年賺 4 千萬
## 買在低點、賣在高點，賺價差的獲利 SOP

| | | |
|---|---|---|
| 作　　者 | 陳詩慧 | |
| 總 編 輯 | 何玉美 | |
| 主　　編 | 林俊安 | |
| 校　　對 | 許景理 | |
| 封面設計 | FE 工作室 | |
| 內文排版 | 黃雅芬 | |

| | |
|---|---|
| 出版發行 | 采實文化事業股份有限公司 |
| 行銷企畫 | 陳佩宜・黃于庭・蔡雨庭・陳豫萱・黃安汝 |
| 業務發行 | 張世明・林踏欣・林坤蓉・王貞玉・張惠屏 |
| 國際版權 | 王俐雯・林冠妤 |
| 印務採購 | 曾玉霞 |
| 會計行政 | 王雅蕙・李韶婉・簡佩鈺 |
| 法律顧問 | 第一國際法律事務所　余淑杏律師 |
| 電子信箱 | acme@acmebook.com.tw |
| 采實官網 | www.acmebook.com.tw |
| 采實臉書 | www.facebook.com/acmebook01 |

| | |
|---|---|
| Ｉ Ｓ Ｂ Ｎ | 978-986-507-451-7 |
| 定　　價 | 330 元 |
| 初版一刷 | 2021 年 8 月 |
| 初版八刷 | 2022 年 3 月 |
| 劃撥帳號 | 50148859 |
| 劃撥戶名 | 采實文化事業股份有限公司 |
| | 104 台北市中山區南京東路二段 95 號 9 樓 |
| | 電話：(02)2511-9798　傳真：(02)2571-3298 |

國家圖書館出版品預行編目資料

我用波段投資法，4 年賺4 千萬：買在低點、賣在高點，賺價差的
獲利SOP / 陳詩慧著 – 台北市：采實文化，2021.08
208 面；14.8×21 公分 . --（翻轉學系列；64）
ISBN 978-986-507-451-7（平裝）
1. 股票投資 2. 投資分析 3. 投資技術
563.53　　　　　　　　　　　　　　　　　110008920

采實文化 **采實文化事業股份有限公司**

104台北市中山區南京東路二段95號9樓

**采實文化讀者服務部　收**

讀者服務專線：02-2511-9798

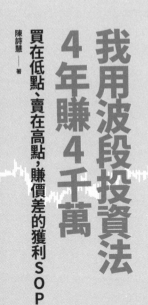

我用波段投資法
4年賺4千萬

買在低點、賣在高點，賺價差的獲利SOP

陳詩慧——著

翻轉學 **翻轉學系列** 專用回函

系列：翻轉學系列064
書名：**我用波段投資法，4年賺4千萬**

**讀者資料（本資料只供出版社內部建檔及寄送必要書訊使用）：**

1. 姓名：

2. 性別：□男　□女

3. 出生年月日：民國・　　年　　　月　　　日（年齡：　　　歲）

4. 教育程度：□大學以上　□大學　□專科　□高中（職）　□國中　□國小以下（含國小）

5. 聯絡地址：

6. 聯絡電話：

7. 電子郵件信箱：

8. 是否願意收到出版物相關資料：□願意　□不願意

**購書資訊：**

1. 您在哪裡購買本書？□金石堂　□誠品　□何嘉仁　□博客來
　□墊腳石　□其他：＿＿＿＿＿＿＿＿＿＿＿＿（請寫書店名稱）

2. 購買本書日期是？＿＿＿＿年＿＿＿＿月＿＿＿＿日

3. 您從哪裡得到這本書的相關訊息？□報紙廣告　□雜誌　□電視　□廣播　□親朋好友告知
　□逛書店看到　□別人送的　□網路上看到

4. 什麼原因讓您購買本書？□喜歡商業理財類書籍　□被書名吸引才買的　□封面吸引人
　□內容好　□其他：＿＿＿＿＿＿＿＿＿＿＿＿＿＿＿（請寫原因）

5. 看過本書以後，您覺得本書的內容：□很好　□普通　□差強人意　□應再加強　□不夠充實
　□很差　□令人失望

6. 對這本書的整體包裝設計，您覺得：□都很好　□封面吸引人，但內頁編排有待加強
　□封面不夠吸引人，內頁編排很棒　□封面和內頁編排都有待加強　□封面和內頁編排都很差

**寫下您對本書及出版社的建議：**

1. 您最喜歡本書的特點：□實用簡單　□包裝設計　□內容充實

2. 關於商業管理領域的訊息，您還想知道的有哪些？
＿＿＿＿＿＿＿＿＿＿＿＿＿＿＿＿＿＿＿＿＿＿＿＿＿＿＿＿＿＿＿＿＿＿＿＿＿＿
＿＿＿＿＿＿＿＿＿＿＿＿＿＿＿＿＿＿＿＿＿＿＿＿＿＿＿＿＿＿＿＿＿＿＿＿＿＿

3. 您對書中所傳達的內容，有沒有不清楚的地方？
＿＿＿＿＿＿＿＿＿＿＿＿＿＿＿＿＿＿＿＿＿＿＿＿＿＿＿＿＿＿＿＿＿＿＿＿＿＿
＿＿＿＿＿＿＿＿＿＿＿＿＿＿＿＿＿＿＿＿＿＿＿＿＿＿＿＿＿＿＿＿＿＿＿＿＿＿

4. 未來，您還希望我們出版哪一方面的書籍？
＿＿＿＿＿＿＿＿＿＿＿＿＿＿＿＿＿＿＿＿＿＿＿＿＿＿＿＿＿＿＿＿＿＿＿＿＿＿
＿＿＿＿＿＿＿＿＿＿＿＿＿＿＿＿＿＿＿＿＿＿＿＿＿＿＿＿＿＿＿＿＿＿＿＿＿＿

翻轉學

翻轉學

翻轉學

翻轉學